退溪李滉的哲学思想

［韩］尹丝淳 ◎ 著

赵甜甜　唐艳 ◎ 译

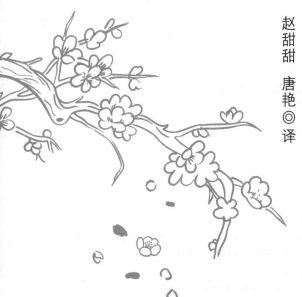

中山大学出版社

·广州·

版权所有　翻印必究

图书在版编目（CIP）数据

退溪李滉的哲学思想／［韩］尹丝淳著；赵甜甜，唐艳译. —广州：中山大学出版社，2023.11
ISBN 978-7-306-07690-8

Ⅰ.①退… Ⅱ.①尹… ②赵… ③唐… Ⅲ.①李滉（1501—1570）—哲学思想—研究 Ⅳ.①B312

中国国家版本馆CIP数据核字（2023）第003434号

TUIXI LIHUANG DE ZHEXUE SIXIANG

出 版 人：	王天琪
策划编辑：	熊锡源
责任编辑：	熊锡源
封面设计：	曾　斌
责任校对：	邱紫妍
责任技编：	靳晓虹
出版发行：	中山大学出版社
电　　话：	编辑部 020-84110283，84113349，84111997，84110779，84110776 发行部 020-84111998，84111981，84111160
地　　址：	广州市新港西路135号
邮　　编：	510275　传　真：020-84036565
网　　址：	http://www.zsup.com.cn　E-mail：zdcbs@mail.sysu.edu.cn
印 刷 者：	广州市友盛彩印有限公司
规　　格：	787mm×1092mm　1/32　7印张　195千字
版次印次：	2023年11月第1版　2023年11月第1次印刷
定　　价：	55.00元

如发现本书因印装质量影响阅读，请与出版社发行部联系调换

修订版说明

本书在1980年高丽大学出版部出版发行的《退溪哲学研究》一书基础上重新修订编写而成。由于第一版中的引文全部使用了汉字原文,现在看来不太便于读者阅读理解。鉴于我们阅读经典著作的方法本身已经发生了很多改变,因此在本书出版30余年后,我决定用更加通俗易懂的韩文重新解读引文,并重新修订出版。

与当今学术界的退溪哲学研究水平相比,本书大部分内容是相当于入门级的。但是,这本书在第一版发行时还曾被评价为是"内容晦涩难懂的专业书籍"。如今,这本书仍具有入门级研究的价值,这也是我决意出版修订版的最大原因。

在第一版的"前言"中,我曾说过,"我在退溪哲学中看到了韩国哲学蕴藏的巨大宝藏。自从找到了这个宝藏,就如同独自在深山里修道一样,虽然孤独且微弱,但仍不懈钻研"。学界广泛研究退溪哲学的时期正值20世纪60—80年代,毫不夸张地说,这一时期展现了近半个世纪以来韩国哲学界大致的发展面貌。而我能亲身经历当今韩国哲学界的发展,实感欣慰。

虽然是微不足道的研究，但我希望本书仍能成为韩国哲学发展的一块基石。在此，感谢艺文书院社长，没有轻视这一成果，让其重现光芒。同时向辛苦翻译汉语原文和打印文章的各位表示谢意！

尹丝淳

2013年6月6日于实相斋

初版前言

大约20多年前，我就开始关注退溪哲学。更准确地说，是沉迷其中，而不仅是简单地感兴趣。当时，这是一个很少有人关注的研究领域。然而，我在退溪哲学中看到了韩国哲学蕴藏的巨大矿脉。自从找到了这个矿脉，就如同独自在深山里修道一样，虽然孤独且微弱，但仍不懈钻研。或许这是值得的，我因研究退溪哲学而获得了学位，并发表了多篇相关研究论文。

当前，从事这一领域研究的学者人数大大增加。国内外每年都有众多学者聚集在不同的场所举办国际学术大会，世人的关注与日俱增。然而，我却觉得学界的研究成果还不足以满足世人的关注。当前学界对退溪哲学的学术研究处于繁荣期，而我却感觉自己对退溪哲学的研究目前仍处于"某个阶段"。换言之，不管周围情况如何，我对退溪哲学的研究已经到了需要重新准备并决心实现更大飞跃的阶段。本书正是出于这样的新认识而提交的"中期报告"，汇总了迄今为止撰写的退溪哲学相关论文。

由于收录的论文都是按照当时的主题分别写成的，所以内容上也不乏重复的部分。尤其是关于退溪价值论的论述，几乎每篇论文中都有提及。然而，尽管存在这种重复，但从整体上看彼此仍存在有机联系。而且，通过保留这些重复的部分，确保了每篇论文的独立性。出于这一点考虑，每篇论文都没有进行改动，仍按照过去发表的原文进行收录。即使这是一些微不足道的研究成果，也希望能对学术界有所帮助，也期盼前辈和学界朋友们的不懈支持。向历经艰辛坚持出版的古籍出版社表示由衷的感谢。

作者

1980 年 2 月 18 日

目录 CONTENTS

序　章　李滉的生平与人物形象 / 001

　　一、生平 / 001

　　二、人物形象 / 007

第一章　真理观 / 018

　　一、序言 / 018

　　二、知行说 / 019

　　三、格物说 / 022

　　四、方法论 / 028

　　五、结语 / 032

第二章　宇宙发生观 / 034

　　一、问题的提出：与理气论相关的问题 / 034

　　二、李滉的独特见解 / 036

　　三、矛盾点与李滉的合理化 / 046

　　四、矛盾点所在 / 057

　　五、结语 / 060

第三章　心性观 / 062

　　一、序言 / 062

二、基本心性观 / 064

三、关于四端七情的解释与论辩 / 077

四、解释的立场及其意义 / 101

五、人心、道心体现的心性论 / 113

六、结论 / 119

第四章 价值观 / 121

一、序言 / 121

二、价值论的起源 / 124

三、理气论的立场 / 136

四、事实论的基础 / 144

五、宇宙论的结构 / 164

六、心性论的展开 / 176

七、结论 / 192

第五章 李滉哲学思想的特点 / 196

一、序言 / 196

二、李滉哲学的主理性特征 / 196

三、理气概念的主理基础 / 197

四、主理的理气说内容 / 200

五、主理说的问题意识 / 207

六、结论：理想主义性格与现代意义 / 213

序章　李滉的生平与人物形象①

一、生平

与李滉差不多同时代、与之并称为朝鲜王朝"性理学双璧"的李珥（1536—1584年）曾评价李滉说："先生为世儒宗，赵静庵之后无与为比。其才调器局，或不及静庵。至于深究义理以尽精微，则又非静庵所及矣。"② 朝鲜中宗时期，被誉为"士林政治"代表人物之一的静庵赵光祖（1482—1519年），终身以追求"至治主义（王道政治）"至上，并为实现这一理想不惜献出生命，暂且不论其经世方面，但在学问方面却被评价说不及李滉。

月川赵穆在《言行总录》中、鹤峰金诚一在《实记》中、文峰郑惟一在《言行通述》中也都一致评价李滉为"东方第一人"。当然，会有人质疑说，他们是李滉的弟子，存在夸大自己老师学德的成分，缺乏一定的客观性。但是，除此之外，还有很多高度评价和赞颂李滉学术成就的记载。

---

① 本章是登载在《韩国思想家12人》（玄岩社，1975年）中的《退溪李滉》一文的部分内容。李滉比赵光祖晚出生19年、比徐敬德晚12年，但比李珥早35年。

② 《退溪先生言行通录》卷一，《遗事》。

大韩帝国末期，开化时期的代表儒学家韦庵张志渊（1864—1921年）在最早整理韩国儒学史时，评价李滉说，"阐明正学、开导后生，让孔孟程朱之道再次在东方绽放光芒唯有先生一人"。① 湖岩文一平（1888—1939年）也曾将李滉在韩国哲学中的地位媲美元晓在佛教中的地位："若说元晓是佛教思想的代表人物，则毫无疑问李滉就是儒教思想的代表人物。……李滉之前的儒教一直存在无法摆脱政治或君主束缚的陋习，直到李滉出现，真正意义上的完整哲学才得以建立，而礼论的发展也是在李滉之后，因此奉李滉为朝鲜半岛儒宗是理所当然之事。"②

对李滉及其学问高度评价的绝不仅限于韩国人，很多日本学者也给予了高度评价。薮孤山曾评价说李滉是继程朱之后继承儒学正统的韩国儒学代表人物，而日本儒学（性理学）是受李滉影响而发展起来的。"孔子之道……直至宋朝的程朱深入研究，才得以明示。其道经朝鲜李退溪传承，再传至我国（日本）山崎闇斋。"③ 此外，渡边豫斋也曾说，"退溪学识造诣远非元明诸儒可比"④，可见，即使比较范围扩大到中日韩三国，在当时李滉也是第一人。

迄今为止，很多学者都认为李滉及其哲学思想尤其是性理学思想代表了韩国儒学，这是不争的事实。为什么会得到如此高的认可呢？关于其缘由，似乎从来没有一个详细的解释。为了解开这个疑问，接近事情真相，我们首先来了解一下李滉这个人物及其思想。

李滉，字景浩，号退溪、陶叟、退陶、清凉山人等，祖籍真宝（青松）。燕山君七年（1501年）农历十一月二十五日，出生在庆尚

---

① 张志渊：《朝鲜儒教渊源》，第22-23页。
② 文一平：《湖岩文集》。
③ 薮孤山：《送赤崎海门序》（玄相允所引）。
④ 渡边豫斋：《韫藏录讨论笔记》（玄相允所引）。

道礼安县温溪里（今安东市陶山面温惠洞），是进士李埴八兄妹中①最小的一个。从历史来看，李滉生活的时期（1501—1570年）正值"士祸期"。李滉4岁时发生了"甲子士祸"、19岁时发生了"己卯士祸"、45岁时发生了"乙巳士祸"。

从家世上看，李滉的玄祖李子修曾任通宪大夫判典仪寺事，恭愍王十一年（1362年）作为郑世云的裨将出征讨伐红巾贼之乱，由于建功被授予"安社功臣"，封为"松安君"。高祖李云侯是中训大夫，曾官任军器寺副正。曾祖李祯是中直大夫，曾任善山府使。祖父李继阳和父亲都是进士。

李滉的家庭环境并不富裕。李滉7个月大时，正值壮年的父亲去世，终年40岁。李滉在没有接受过父亲教导的艰难环境中长大。父亲去世之时，家里只有大哥已经成婚，其他哥哥、姐姐年纪尚轻，靠母亲独自一人务农和养蚕维持一家人的生计。②

生活虽然穷苦，但他的母亲时常告诫子女说，"盖不惟文艺是事，尤以持身谨行为重"，并警示子女说："世常訾寡妇之子不教，汝辈非百倍其功，何以免此讥乎？"李滉后来描述母亲说："即使两个儿子（李瀣和李滉）科考及第走上仕途后，母亲也没有为此荣进而兴奋，总是担心世道过于喧嚣。虽然母亲并不太通文识字……但教诲我们义理，具有士君子般的洞察力和见识。"③ 由此可见，母亲对李滉治学和做人产生了深远影响。

李滉6岁时开始跟随邻居老人学习《千字文》。12岁时跟随叔父松斋公（堣）学习《论语》等儒学经典。14岁时更加潜心读

---

① 李滉的父亲与礼曹正郎金汉哲的女儿结婚，育有三男一女，夫人金氏29岁去世后，再娶别侍卫朴缁的女儿，并育有四男。其中，夫人金氏所生子女中有一子年幼夭折，所以李滉实际上是七兄妹，李滉是再娶夫人朴氏所生。

② 参见《退溪言行录》，《年谱》。

③ 参见《退溪先生文集》46卷，《先妣赠贞夫人朴氏墓碣识》。

书，到了"虽稠人广坐，必向壁潜玩"的狂热程度。20岁左右时，读书更是"殆忘寝食"，整日沉迷于书籍和思考。这一时期的过度学习最终导致他身体虚弱，患上了"羸悴之疾"，一生饱受疾病折磨。①

21岁时，李滉与夫人许氏成婚。② 23岁到汉城（今首尔）成均馆游太学。27岁参加秋季乡试、28岁参加进士会试、32岁参加文科别试、33岁参加庆尚道乡试、34岁大科及第，自此走上仕途。

李滉自34岁选补承文院权知副正字，直到43岁，大体上仕途坦荡。34岁始，先后担任承文院的正字（正九品）、著作（正八品），并升至务功郎博士（正七品）。次年，被调任护送官，押解倭奴至东莱。此后，又先后任成均馆典籍兼中学教授、户曹佐郎（36岁），司宪府持平、弘文馆校理（40岁），世子侍讲院文学，议政府检详、舍人，忠清道御使，司宪府掌令（41岁）。43岁时升任成均馆司成（从三品）。③ 此时，李滉已经决意辞官返乡。然而三次返乡（43岁、46岁、50岁），三次被朝中召回。从43岁癸卯年（1543年）至52岁壬子年（1552年）这一时期，可以算作李滉意欲摆脱仕途回归乡野生活的过渡期。

这一时期有几个事件尤其值得关注：第一，李滉46岁第二次辞官返乡时，他在家乡退溪的东岩修建了一座名为养真庵④的小庵，用于将来自己的修学处所；第二，决意离开京城后，李滉自己主动要求到地方就职，曾短暂担任过丹阳郡郡守（9个月）和丰基郡郡守（1年2个月）（48~49岁）；第三，李滉在决心辞去郡守职务后，便以身体抱恙为由三次向监事提出辞官卸任，还没有收到回复便收

---

① 参考《退溪言行录》，《年谱》。
② 进士瓒的女儿。
③ 37岁时，母亲朴氏去世，李滉也曾暂时辞官回乡奔丧，这一段暂且不算在内。
④ 原本俗名为兔溪，李滉后来改名为退溪，并将退溪作为自己的号。

拾行装返回退溪。为此，他被冠以擅弃任所之罪名，剥夺了职牒（告身）（50岁）；第四，个人家庭生活也接连遭遇不幸。27岁时失去了夫人许氏，30岁再娶夫人权氏，① 46岁时权氏去世。在任丹阳郡郡守之时（48岁），失去了二儿子；第五，50岁时，长兄左尹公李瀣在士祸中去世。李瀣在司宪府任职期间，曾议论过说权臣李芑不适合担任宰相。受此事影响遭受李芑的诬陷，在惨遭杖流的途中丧命。②

对李滉而言，辞官隐退也难以随心所愿。在第三次辞官两年后，朝廷再次任命他担任弘文馆校理等官职（52岁）。无奈之下，李滉不得已还朝，第二年又被提拔至成均馆大司成，但他仍以身体不适为由不久便辞去了官职。这之后，晚年的李滉一直处于反复"被任命、不就任或辞官"的境遇中。为避免烦琐，将李滉被任命的重要官职汇总如下：

> 上护军（53～54岁）、刑曹参议、兵曹参议（54岁）、佥知中枢府事（55岁）、弘文馆副提学、知制教兼经筵参赞官、春秋馆修撰官（56岁）、工曹参判（58岁）、同知中枢府事（59岁、65～67岁）、工曹判书兼艺文馆提学（66岁）、弘文馆大提学兼知成均馆事、礼曹判书兼同知经筵春秋馆事（67岁）、议政府右参赞（68～69岁）、判中枢府事（68～70岁）、吏曹判书（69岁）

从形式上看，这些官职一直持续到李滉70岁去世。李滉虽不断提请"致仕"和"解职"，但这些任命和辞言终究都只是形式而已。

---

① 奉事碻的女儿。
② 李芑主导发动了乙巳士祸（1545年）。乙巳士祸发生在李滉45岁之际。

例如，上护军和中枢府事等官职本身就是名誉职位。58岁时，李滉提交了致仕疏，此后几乎拒绝了所有官职，即使勉强就任，通常也在一两个月内就辞职，或者干脆就没有赴任，只是保留了官名，然后又被任命其他官职。① 李滉晚年就是下定决心要隐退，而君王却总是想留住他，不想放他归乡，一直处于"纸上任命和辞官"反复持续的状态。因此，李滉的晚年实际上已经归隐，② 但从形式上看他的任职期一直持续到赠职"领议政"。

李滉的晚年官职生活为何会流于一种"任命与请辞"的形式？最重要原因是李滉的志向不在官职，而在于学问。所以，真实体现李滉面貌的不是他被授予的官职，而是他倾注心血的晚年时期的研究成果。事实上，并没有发现多少可以代表李滉青年时期思想的著述。李滉直到步入晚年的50多岁，才开始专心钻研学问，并取得了世人认可的集大成之学问成果。这与李滉因不等辞官复命而遭受"夺告身"惩罚，开始归乡建造庵堂③定居的时间基本一致。

53岁时，李滉修订了秋峦郑之云（1509—1561年）的《天命图》（天命旧图），重新绘制了《改定天命图》（《天命新图》）。该修订图成为日后引发与高峰奇大升（1527—1572年）之间著名的四端七情论辩的契机。继《天命新图》之后，李滉又陆续推出了如下著作：

《与卢守慎论夙兴夜寐箴批注书》《延平答问跋》《思政殿大宝景福宫重新记》（54岁）；《朱子书节要》（56岁）；《启蒙传疑》

---

① 参见《退溪言行录》，《年谱》，65岁条目（乙丑）。
② 只有一个例外，李滉68岁那年7月担任判中枢府事，次年3月辞官返乡。当时经过了无数次上疏和入对的请求，仅勉强得到"归乡"的批准，但并没有获得"完全致仕"的批准。
③ 李滉50岁那年春天，在退溪西侧又修建了寒栖庵，同时还挖了一个名为光影塘的池塘。

(57岁);《鱼灌圃诗集跋》(58岁);《答黄仲举书论白鹿洞规书解》《伊山书院记》(59岁);《宋季元明理学通录》(59岁开始着手);《答奇明彦》(59~66岁);《陶山记》(61岁);《静庵赵先生行状》《心无体用辩》(64岁);《景贤录》(改订)(65岁);《晦斋李先生行状》《心经后论》(66岁);《戊辰六条疏》《圣学十图》(68岁);《答卢伊斋议丧礼书》(69岁);《答奇明彦书论心性情图》《答奇明彦书改致知格物说》(70岁);等等。

然而,这并不意味李滉的晚年仅仅专心在著述上。第二次辞官返乡建造寒栖庵时(50岁)开始,就已经有很多儒生跟随他学习学问。随着学徒日益增多,讲学的场地越来越显狭窄,李滉便在陶山南侧土地上修建了陶山书堂(陶山书院前身)(60岁),主要在这个书堂讲学授课。李滉倾心教授的"启蒙"和"心经"广受欢迎,他的讲学一直持续到临去世前。可见,李滉讲学的热情不亚于追求学问的热情。正所谓"人生七十古来稀",李滉在70岁时寿满天年,宣祖三年(1570年)农历十二月初八日在自己家中悄然离世。

下面我们以李滉的人生经历为基础,深入了解一下他的人物形象。

二、人物形象

从经历过科举考试并长期担任官职来看,李滉的形象首先可以定位为"朝廷官员"。从他拥有大量的学术成果来看,可以说是一位"学者"。从他曾担任成均馆大司成并在辞官归乡后致力于讲学,可以说是一位"教育者"。由此,我们可以勾勒出李滉作为朝廷官员、学者、教育者的形象。

仅从前文叙述的资料还很难清晰了解他为官的品质,因此,我们再通过几个具体事例来进一步深入了解。

倭寇入侵韩国南部沿海地区,骚扰欺凌良民由来已久,时至李滉时代愈发猖獗。当时正值发生"三浦倭乱"后，朝廷不接受倭寇缴款，为此倭寇多次乞求和解。或许是因为李滉有曾担任过护送官押解倭奴到东莱的经历，他对朝廷的政策有自己的不同意见。朝鲜王朝仁宗去世、明宗继位后，李滉终于上疏，请求接受倭寇的乞和，"且国家已与北虏构衅，设使南北二虏，一时俱发，则将何所恃而能办此乎"①，强烈呼吁接受求和，称此事关百年社稷之忧、系亿万生灵之命。而当时的士大夫们只要一提到倭国（指日本），就鄙视他们是蛮夷，一概主张强硬对待倭寇。由此可见，李滉的看法显然是秉持一种从现实角度出发冷静处理外交和国防问题的务实、认真态度，已然摆脱了固化的思维方式。而且，李滉的这一主张比壬辰倭乱早了47年，不仅证明了他作为经世家具有相当强的判断能力，而且也显示了他是在切实发挥这种能力。

李滉在自愿申请到地方就职，担任丰基郡郡守时（49岁），曾向监事请求将之前周世鹏在安珦的故乡丰基白云洞修建的白云洞书院改建成"赐额书院"。这是仿照中国宋朝的事例。在他的努力下，白云洞书院所在地及所藏书籍都被赐号"绍修书院"②，开创了朝鲜王朝赐额书院的先例。此后朝鲜王朝的儒学以众多书院为中心蓬勃发展，其中赐额书院占据了普通书院的领袖地位，李滉功不可没。从中可见，李滉关注的重点始终集中在文治上。换句话说，这是文官李滉希望依靠文治实现文化兴盛的理想。

在士祸期，特别是在乙巳士祸时期，言路实际上处于封闭状态，也是儒生气概陷入谷底的时期。对此情景，李滉在《思政殿景福宫

---

① 参考《退溪言行录》，《年谱》，45岁条目（仁宗元年）。
② 地址位于庆尚北道荣州市顺兴面内竹里。中宗二年（1542年），丰基郡郡守周世鹏在安珦的老宅内修建祠宇，第二年在此基础上修建了白云洞书院。明宗五年（1550年）被任命郡守的李滉向君王请求，书院的奴婢、田地、书籍及书院所在地被赐予额书，开创赐额书院之始。

重新记》(《退溪文集》42卷)中说道:"大抵福祥在太平时代降临,灾孽在暴君时期发生。……自今起,殿下应敬畏上天的警动,不能再让百姓遭受苦难,应修心正德,守位行礼……"这部分内容是以天人相感说为基础的"帝王警戒论"。儒家的"民本"王道政治论主张政治是依赖帝王修德的为民政治,主要强调君王要修德(正心修己)。从这段话中可以看出李滉为官的凛然正气。

然而,同样是主张实现德治,正岩赵光祖和栗谷李珥在政策、制度等方面都提出了崭新的改革理论,而李滉却缺乏这样的创新,这正是他经世论的局限性。这一点同样体现在李滉最具代表性的经世论著述《戊辰六条论》①中。细究起来,李滉擅长的不是提出具体的经世论,而是揭示德治、王道政治的经世论依据,《圣学十图》充分体现了这一特点。从这一点上看,李滉的人物形象中,相比朝廷官员,学者的形象更浓厚。

即便如此,像李滉这样尖锐地警示君王的事例也并不常见,这充分体现了李滉的士林派精神。正是出于这样的缘由,李滉十分尊崇赵光祖,他亲自编写了纪念赵光祖生平的文章,宣扬其功绩,甚至通过侍讲直接向君王介绍赵光祖的杰出人品和非凡的学术成就。此外,李滉还撰写了纪念晦斋李彦迪(1491—1553年)生平的文章。由此可见,作为朝廷官员的李滉的精神原籍是在"士林派"。②李滉继承了士林精神,用温和、消极、被动的方式对抗时代的矛盾和不公。只是这种消极被动的态度在李滉晚年坚决要辞掉所有官职的"固辞不已"决心下,发生了转变。

那么,李滉为什么要如此坚决地离开官场呢?首先从当时的情

---

① 《退溪全集》上,《戊辰六条疏》。其主要内容是:(一)重继统以全仁孝;(二)杜谗间以亲两宫;(三)敦圣学以立治本;(四)明道术以正人心;(五)推腹心以通耳目;(六)诚修省以承天爱。

② 李滉后来也被推崇为士林派五贤之一。

况看,最直接的理由是"士祸"。李滉45岁时受到了乙巳士祸余波的影响,虽然他并没有卷入乙巳士祸的核心漩涡而直接遭受迫害,但他也被当时士祸的主谋李芑等削去官职,后来在李芑的侄子李元禄的力荐下又官复原职。① 然而,他却亲身经历了兄长李瀣遭李芑陷害被杖流而惨死途中的悲剧。由此可以推断,因为李滉的性格不是正面挑战和直面现实不公,所以他选择远离悲惨的现实。

李滉的这种双重性,也体现在他的求学热情中。李滉坦言,自己参加科举考试并非出自本意,而是由于"家境贫苦以及长辈和朋友的逼迫"②。只是"自少徒有慕古之心",他在给齐大升的书信中还曾如是感慨道:

> 未少有得,而身病已深矣。当是时,正宜决山林终老之计。结茅静处读书养志,以益求其所未至。加之三数十年之功,则病未必不瘳,学未必无成。天下万物,如吾所乐,何哉。顾不出此,而从事于应举觅官。以为我姑试之,如或不可,欲退则退,谁复绊我。初不知今时与古时大异,我朝与中朝不同。士忘去就,礼废致仕。虚名之累,愈久愈甚。求退之路,转行转险。至于今日,进退两难,谤议如山。而危虑极矣。尝自念山野之性,阔不由爵禄之慕。而学不明理,昧于时义。一误其初,后阔有悟,难于收拾以至此。③

如引文所述,李滉觉得朝廷官员的生活并不适合他,他的志向

---

① 《退溪言行录》,《年谱》,45岁条目。
② 参见《退溪文集》卷十,《与曹楗仲》;据《年谱》记载,李滉的兄长李瀣也曾向母夫人提出过建议。
③ 《退溪文集》卷十六,《答齐明彦》。

始终是学问。李滉决意致仕隐退，一方面是他认识到自己不适合做官，另一方面也是他不能放弃研究学问的热情。热衷研究学问是李滉决意辞官的根本原因，也意味着相比以经世为目的的官员形象，李滉更具有以学术为导向的学者形象。

依据《年谱》记载，小时候教授他学问的叔父松斋公对他的聪慧表现赞不绝口。有一日，李滉在学习《论语》时，指着"理"字问松斋公说："凡事之是者，是理乎？"叔父大为惊喜，赞叹道："持门户者，必此儿也。"① 此后，李滉在从乡试到科举大考的所有考试中都取得了不是榜首就是第二名的优秀成绩，可见其确实生性灵秀。曾在成均馆一同学习生活的河西金麟厚（1510—1560 年）称李滉是"夫子岭之秀"，也绝非夸大之词。

李滉不仅才华出众，同时还具有超凡的学习热情。14 岁时潜心读书，专心致志，"虽稠人广坐，必向壁潜玩"；20 岁时"读周易，讲究其义，殆忘寝食。自是，常有羸悴之疾"。正如其弟子所记载，即使长期受疾患困扰，他也从未停止读书，② 甚至在他辞掉郡守职务归乡时，他的行李也只有几箱书。正如前文所说，李滉感叹"进入山林三十余年未能潜心研究学问"，59 岁时在故乡建造庵庐，同时为修建书院置办土地，在编写《朱子书节要》后，又开始着手创作《宋季元明理学通录》《答奇明彦》等。李滉的著述活动，特别是与齐大升的书论一直持续到他去世的前几天。可见，李滉自幼时至晚年，他的学习热情从未改变。在研究讨论李滉时，充满学习热情的"真正学者"是不可缺少的一个形象。

李滉的学术态度比他的学习热情更令人敬佩，其中最令人印象深刻的莫过于他与齐大升之间展开"四端七情论辩"过程中体现出

---

① 《退溪言行录》，《年谱》，12 岁条目。
② 《退溪言行录》卷一，类编，学问第一（艮录）。

来的真诚与谦虚。当时是"长幼有序"垂直隶属关系主导的时代,士大夫们即使是在做学问时也要遵循权威主义的模式,讲究单向的传授和强行灌输,根本无法想象可以质疑前辈的理论并加以批评的自由讨论。而打破这种风气的正是李滉与齐大升之间展开的"四端七情论辩"。勇于向前辈的理论提出挑战的齐大升虽然也非同凡响,但李滉能以宽广的雅量接受这一挑战的态度却更令人叹为观止。众所周知,两人的论辩历时8年之久,在此期间,李滉慎重地研究了齐大升的反驳,每当发现自己的错误时,都会毫不犹豫地反复修改。① 对毫无顾忌批判自己理论的后辈,他甚至称赞说,"议论极明快,无惹缠纷拿之病"。② 按照当时的陈规痼习,李滉可以完全无视齐大升的质疑,仅用年龄和官职就足以压制住齐大升。论辩初始之时,李滉已经是官至大司成的59岁老前辈,而齐大升不过是刚刚及第的33岁少壮派而已。唯有李滉的学德和罕见的谦逊的学术态度才使论辩有了可能,并最终在当时停滞不前的学术氛围中产生一种新的风气,从而带来性理学在朝鲜时代的独特发展。我们仅就学术层面来说,李滉确实是只追求真理本身的、真诚而谦逊的学术良知。他的弟子曾说,"先生谦虚为德,无一毫满假之心"③,确实令人信服。

  对士大夫而言,一般不会把学问和经世各自独立分开思考,而将学问与教育分开则更少见。因为士大夫们的共同人生观是,即便走上仕途,但在学问之路上"得天下英才而教育之"更是乐事之一。④ 当时李滉担任的成均馆大司成相当于当今的国立大学校长,他从官员型教育者的立场阐述自己的教育观:

---

  ① 详细内容参考第三章"心性观"。
  ② 《退溪先生文集》卷十七,《答奇明彦》。
  ③ 《退溪言行录》卷一,类编,学问第一(鹤录)。
  ④ 孟子曾说,得天下英才而教育之是君子三乐之一。参考:《孟子·尽心上》,二十章。

士子，礼义之宗，元气之寓也。……自今诸生，凡日用饮食，无不周旋于礼义之中。惟务更相饬励，洒濯旧习。推入事父兄之心，为出事长上之礼。内主忠信，外行逊悌。以副国家右文兴化，设学养士之意。①

李滉认为应以忠信之心和逊悌之行践行礼义，培养不失经世之气的儒生，并相信这样做是符合国家教育目的的方法。这就是他的教育观。由此看来，李滉所追求的教育者形象就是成为"儒生的培养者"。这样的教育者形象具体体现在哪些方面呢？

李滉在教授弟子时，首先从《小学》《大学》《心经》《论语》《孟子》《朱子书》教起，然后再讲授其他诸经。由此可以看出，李滉以诸经中的如上六书为基础。此外，他还始终如一视程朱学为标准，注重"敬义夹持、知行并进"。因此，李滉的教育方法是以程朱学为标准，同时强调以"敬的态度"探索"义理"，这正是"知"与"行"并进的方法。

李滉教授弟子知行并进，当然没有仅停留在口头上，而是以身作则，率先垂范。一位真正的师者，不仅仅是传授知识，还要在人格塑造上发挥影响力。据弟子回忆，李滉对待弟子就像对待朋友一般。即使是年幼的弟子，李滉也不会随意称呼，迎送时也会保持恭逊的"敬"态度。甚至对那些经常出入的弟子，也要起身迎接。弟子一坐下来，李滉一般都会先问候一下他们家里父兄是否安好。若有弟子远行，即使是在平日也一定要摆酒饯行。授课时，根据每个弟子的理解程度进行适当的教导，若有不理解的地方就不厌其烦地反复详细解释直到弟子理解为止。即使是生病的时候，如不是身体难以支撑，绝不会停止讲课。他在临终前一个月已经病入膏肓，但

---

① 《退溪文集》卷四十一，杂著，通文·论四学师生文。

仍像往常一样传道，弟子们事后才知晓他已病重之事。① 他的传道一直持续到他去世前几天。李滉直觉自己命不久矣，临去世前四天不顾劝阻，叫来所有弟子作临终告别，说道"死生之际，不可不见"，"平日以谬见，与诸君终日讲论，亦不易事"。②

如果没有高尚品格和对弟子的深厚之情，不可能有如此端正的礼仪和真诚的讲道授课。李滉不仅知道如何给予无限的爱意，同时还知晓如何感化人格，给世人留下了"良师"的印象。正因为如此，他门下培养出了诸如西厓柳成龙、鹤峰金诚一、寒冈郑述、月川赵穆、艮斋李德弘、文峰郑惟一、锦溪黄俊良、思庵朴淳等主导时代思想主流的群星般耀眼的众多弟子。

通过上述李滉作为朝廷官员、学者、教育者的所言所行，是否可以充分了解李滉的人物形象呢？当然绝非如此，因为真正的李滉，体现在李滉希望自己成为什么样的人。而能够证实这一点的例证之一就是李滉关于自己"墓碑"的遗言。

李滉与弟子们最后一次见面时（离世前四天），当日上午授命自己的侄子接受遗诫，嘱托说在他去世后"谢绝礼葬"和"不立碑石"，如果要在墓地做记号，可以用小石头代替墓碑，正面写上"退陶晚隐真城李公之墓"，背面按照"家礼"的方式简单写上"乡里、世系、志行出处"即可。③ 可见，李滉绝不是渴望世俗意义上的成功。若说李滉有愿望，就是渴望他作为人本身的成功，也就是"真正的人的成就"。

李滉的学问归类为儒学中的性理学，而性理学最重视存心养性，即自我修养的学问。从表面上看，性理学是在原始儒学基础上增加了性理学说的形而上学体系，但在内在精神上，性理学则侧重通过

---

① 《退溪言行录》卷一，类编，学问第一（艮录·文录·鹤录等）。
② 《退溪言行录》，《年谱》，70岁词条。
③ 《退溪言行录》，《年谱》，70岁词条。

存心养性和修己正德建立道德人格，在形成道德人格的前提下实现"安人""治人"的儒学本来理想。正因如此，性理学的最大特征是儒学所讲的"为己之学"。回顾李滉一生在"知行并进"的理念下致力于研究性理学，很明显可以推断出他将通过形成"自己人格"实现"真正的人的成就"作为最终理想。为实现真正的人的成就，李滉作为一名教育者在生活中已经充分体现出这一面，而且他还经常提到"君子之学"就是"为己之学"。① 作为真正的人的"为己之学"是李滉学问的方向，其方向设定的目标就是"君子"。"圣人"是儒家理想中完美的人的形象，而"君子"则是儒家现实可行的理想的人的形象。就没有缺点、完美标准的人而言，"君子"实际等同于"圣人"。

为了成为儒家理想的人，不言而喻，不仅需要进行不断的自我修养，同时还要对人生、宇宙有深刻的哲学理解，即"达观"。一言以蔽之，就是必须要付出"求道人"的努力，而矢志不渝做出这种努力的人正是李滉。仅以李滉的诗作为例，它们不是毫无意义的情感吟诵，而是情感的流动中包含了自我修养的目的，作诗是一种修炼的方式。李滉18岁时所作的一首诗中充分体现了这一特点。②

露草夭夭绕水涯，
小塘清活净无沙。
云飞鸟过元相管，
只怕时时燕蹴波。

---

① 《退溪言行录》卷一，类编，学问第一（艮录）。
② 《退溪言行录》，《年谱》。

诗中以莲花池中清净之水比喻本然之性，以池上飞燕比喻气质之性，提醒世人不要因欲望而羁绊本性。

另外，虽然后文我们会深入了解李滉深刻的哲学思想（理气论），但实际上他在写这首诗的时候就已经开始了对这一哲学思想的追求与探索。20 岁左右时，李滉废寝忘食地沉迷于《周易》的学习研究，其沉迷之深，甚至导致了他一生的"羸悴之疾"。

李滉的《自省录》全面地记录和展现了李滉的修养和学习研究学问的历程。李滉将其与好友和后辈们日常讨论的哲学和心性修养等问题当作"自省的资料"，汇集编成《自省录》，不断地进行研究、思索、反省。日本的山崎闇斋（1618—1682 年）从寺门还俗后，读到《自省录》和《朱子书节要》，感慨万千，如获至宝，最终成为日本性理学大家。大冢退野年轻时曾学习阳明学，但在读完《自省录》后对程朱学赞叹不已。他们不仅仅被这些理论的卓越性所吸引，而且从中发现了对学问永不休止的学习热情和执着，以及真诚谦逊的态度，并意识到这些最终会帮助他们实现自我修养的升华。也就是说，李滉在《自省录》中展现了将学问和修养升华为一种智慧的能力。尤其是李滉以"敬"构建了学问（知）和修养（行）的一贯性基础。[①] 基于这一点，可以说，李滉是以"敬"为基础，以求道者的姿态建立了人生智慧的人。

显而易见，世俗的成就和荣誉并不能吸引人们以求道者的态度渴望成为"真正的人"。因此，还应该从这个角度来理解李滉如此坚决辞去官职的根本原因。而朝鲜王朝明宗、宣祖始终不肯放弃屡次辞官的李滉，也是因为他们十分看重李滉立志成为"真正的人"的求道者品质。当时明宗因思念不肯接受官职的李滉，曾以"招贤不

[①] 李滉在《圣学十图》及《戊辰六条疏》中对此有详细的阐述。基于这一点，李滉的哲学可称为"敬的哲学"。

至叹"为题令臣下作诗,并悄悄地派画工到李滉的故乡、隐居地陶山,描绘当地山水风景画,又请当时著名的砺城君宋寅书写李滉的《陶山记》和《陶山杂咏》,制成屏风放在身边。① 宣祖也曾将李滉晚年著作《圣学十图》制成屏风,时常欣赏。李滉的门人郑惟一曾撰文说:"乡人之善者,慕其道。不善者,畏其义。凡有所为,必曰先生以为何?如有所疑,无不禀而决之。"② 这一切无不体现了李滉追求理想的求道者的形象,也体现了以求道者的态度建立的智慧的高度。

---

① 《退溪言行录》卷六,言行通述,遗事。
② 《退溪言行录》卷六,言行通述。

第一章 真理观[①]

一、序言

近年来，东方哲学逐渐受到越来越多的关注，很大程度上源于对西方哲学的自我反省。在东西方壁垒已然打破的当今，对现代西方哲学弱点的认识终于激发了人们对东方哲学的关注。

这一章主要分析李滉的真理观，同时也间接附带揭示东方哲学特别是性理学的显著特点。李滉作为程朱性理学的代表学者，是当时性理学的集大成者，考察分析李滉的思想自然会揭示出性理学的特点。

在黄宗羲的《宋元学案》《明儒学案》问世的一个世纪前，李滉已经编写了与此相类似的（虽然略显薄弱）《宋季元明理学通录》，体系性地整理了性理学思想，并增添自己的思想编写了《圣学十图》，简明而系统地介绍了濂洛关闽之性理学的根本要义。此外，还编写了注解朱熹《易学启蒙》的《启蒙传疑》等许多著作，进一步深化了程朱性理学。因而，从李滉的成就来看，考察分析他的真

[①] 本章以1979年11月在中国台湾举行的"近世儒学与退溪学国际学术会议"上发表的论文为基础修改而成。

理观完全可以体现出性理学普遍真理观的特点。

李滉的哲学思想由多个领域组成。本章选择考察分析李滉的真理观并非出于某一特定原因,而是因为无论东西方哲学都具有其自身的真理观。换句话说,即使本质不相同的哲学,但当某一哲学追求一定的哲学知识时,都会有一种真理观,也就是将自己的哲学知识视为真理。

二、知行说

与其他性理学者一样,李滉认为真理是指宇宙的一切原理和人类事物的一切原则。李滉将真理表述为"物理""理""天理""道理""道"等,表示所有"人类行为的原则"和"宇宙万物的自然法则"。换言之,它包含了行为上的"所当然之则"和自然的"所以然之理"。这一真理成为"穷理""格物"以及"致知"的对象。通过"穷理"或"格物"获得正确的"觉"或"识","知觉和学问的对象"就是真理。李滉的知识和学问是以真理为前提的。因而要理解李滉的真理观,有必要首先了解他的知识观和学问观。

李滉根据程朱的解释,将"格物"的"格"解释为"至",将"物"解释为"事",将追求知识的"致知"解释为对物理及事理的"吾心躬至"。李滉认为,只有坚持孔子所说的"知之为知之,不知为不知"的态度才能实现正确知识的积累(大知),在应对事物时才能做到"不惑"。这是李滉对待知识的基本思想,既然是基本思想,表示这里尚未包含他的创新观点。

李滉的创新观点开始融入这一基本思想的知识理论就是他的知行说。李滉的知行说在他对王守仁"知行合一说"的批判文章中充分体现出来。正如下文所示:

其以见好色闻恶臭属知,好好色恶恶臭属行,谓见闻时已自好恶了,不是见了后又立个心去好,不是闻了后别立个心去恶,以此为知行合一之证者似矣。然而阳明信以为人之见善而好之,果能如见好色自能好之之诚乎?人之见不善而恶,果能如闻恶臭自能恶之之实乎?孔子曰:"我未见好德如好色者。"又曰:"我未见恶不仁者。"盖人之心发于形气者,则不学而自知,不勉而自能,好恶所在表里如一。故才见好色,即知其好而心诚好之,才闻恶臭,即知其恶而心实恶之。虽曰行寓于知,犹之可也。至于义理则不然也,不学则不知,不勉则不能。其行于外者,未必诚于内,故见善而不知善者有之,知善而心不好者有之。……阳明乃欲引彼形气之所为,以明此义理知行之说则大不可。故义理之知行,合而言之;固相须并行而不可缺一,分而言之,知不可谓之行,犹行不可谓之知也,岂可合而为一乎?①

如引文所示,李滉批判王守仁的知行合一说是只适用从"形气"的角度解释,却不适用于解释"义理"。也就是说,它只有在本能的世界里才能成立,在理性的世界里不可能成立。与知合一的行只是本能的动作或行动,而不是理性的行为。从这层意义上讲,李滉认为其表现出来的是"所为"而不是"行"。理性的知与行并不存在合二为一的关系,例如,知道这是善的行为,却未必都能做到,就是例证。因而李滉主张说,从义理的角度必须区别知和行,若一定要合起来讲,则二者的关系就是"相须并行"。

关于知行"相须并行"的含义,李滉如是说道:

---

① 《退溪全书》上,《传习录论辩》,第923页,大东文化研究院,1954年。

且圣贤之学，本诸心而贯事物。故好善则不但心好之，必遂其善于行事，如好好色而求必得之也，恶恶则不但心恶之，必去其恶于行事，如恶恶臭而务决去之也。①

窃意知行二者，如两轮两翼，互为先后，相为轻重。故圣贤之言，有先知而后行者，《大学》与《孟子》之类是也。有先行而后知者，《中庸》与《答晦叔书》之类是也。似此甚多，不可胜举。然先知者，非尽知而后始行也，先行者，非尽行而后始知也。自始知至知至至之，始行至知终终之，贯彻相资而互进也。②

如引文所述，李滉将知与行的关系比喻为车的两个轮子、鸟的两个翅膀。在其他文章③中还曾比喻为人的两条腿。李滉之所以反复强调知和行二者缺一不可，是因为他认为二者应该"相须并行"或"相资互进"。也就是说，李滉将与行"相须并行"或"相资互进"的"知"看作是真知。

李滉提出，"穷理而证于实践，始为真知"④。那么，此处的"知"具体而言是指什么呢？如果知与行是相互协助、共同不断增加的关系，那它绝不可能是体现知识本身的知识，即客观的知。它只能是一个"主体实践的知"。因为客观的知是与行为无关的、具有价值中立性质的知识，而主体实践的知则是具有与行为表现价值问题直接相关的性质。由此可见，李滉并不太关注客观的知，而是重点关注与善（义理）行为相关的主体实践的知。

---

① 《退溪全书》上，《传习录论辩》，第923页。
② 《退溪全书》上，《答李刚而问目》，第521页。
③ 《退溪全书》上，《戊辰六条疏》，第186页。
④ 《退溪全书》下，《自省录·答李俶獻》，第172页。

正因为李滉更重视对主体实践知识的追求,而不是客观知识,所以他的学问也不能脱离行(实践)。关于学问,李滉如是说道:

学者也,习其事而真践履之谓也。①
学其可者,此因其所知而身履之也。可,犹善也。学,犹行也。②

如上,学问不能脱离实践和修身。践行善事和修身才是学问。正是出于这种认识,李滉极力宣扬"学犹行"。

由此可见,李滉无论是追求知识还是讨论学问,都将善(义理)视为必要条件。与其追求与善行(义理的行)无关的客观知识,不如追求与善行息息相关的主体实践的知识(真知),这正是李滉"知识观的特征"。同时,认为学问也是亲身实践善行则是李滉"学问观的特征"。可见,李滉的知行观和学问观确实体现了性理学乃至东方哲学的传统特征。

三、格物说

1. 心的机能

从李滉的知行观、学问观来看,李滉追求的真理主要是主体实践知识的对象,而不是客观知识的对象。因此,比起真理或自然法则的"所以然之理",李滉更注重追求的是善行或义理之行的"所当然之则"。同时,他所说的"物理""事理"等意义,虽然也不是没有特殊的例外,但大体上"所当然之则"的意义更强烈。但需要

---

① 《退溪全书》上,《戊辰六条疏》,第186页。
② 《退溪全书》下,《自省录·答李俶献别纸》,第173页。

注意的是，李滉自己虽然区分了"所以然之理"和"所当然之则"，但从"理"的内容层面上，他认为两者是一致的。① 因此，我们不必太关注如何区别二者的含义，下面我们将继续探讨李滉所说的真理是如何被认知的，即认识论的问题。

和其他性理学家一样，李滉的认知说也体现在他的格物说中。李滉将"格"和"物"分别解释为"至"和"事"。李滉如此阐释"格物"的原因当然在于他相信"事物的理"客观存在，而且吾心有能力最终找到这个理。而他所认为的心也与朱熹所说的心并没有什么不同。

> 心，理气之合。②
>
> 且凡言心，固皆主方寸而言。然其体其用，满腔子而弥六合。③
>
> 夫兼体用，该动静，为一身主宰，而如环无端，反复不已者，心之为也。④
>
> 心虽主乎一身，而其体之虚灵，足以管乎天下之理。⑤
>
> 理气合而为心，有如许虚灵不测，故事物才来，便能知觉。⑥

如引文所示，理气之合的心具有"虚灵不测"的性质，可以感悟并积累理。即，可以根据虚理积累知识，也可以通过灵气达

---

① 关于这个观点，作者在《退溪的价值观研究》（《退溪学报》第11辑，1976年）一文中有详细的论述。
② 《退溪全书》上，《答李子中讲目》，第600页。
③ 《退溪全书》上，《答金而精》，第680页。
④ 《退溪全书》上，《答卢伊斋别纸》，第294页。
⑤ 《退溪全书》下，《论理气》，第702页。
⑥ 《退溪全书》上，《答郑子中别纸》，第603页。

到不昧的知觉状态。吾心具有追求和感知事物之理的能力，因而可以实现"认知"。① 李滉这一理论，让我们想起了朱熹所说的，"能够被我认知的事物之理和能够认知这一点的吾心之理本质上一致"的理论。②

2. 格物注解

以这个理论为前提，李滉如是阐释他的格物注解：

> 格物（物乙格乎麻是）注，欲其极处（厓）无不到也。物格（物厓格为隐）注，物理之极处（厓是），无不到也。格字，有穷而至之义，格物重在穷字，故云物（乙）格（乎麻是）。物格重在至字，故云物（厓）（为隐），一说物理之极处（是），亦通。③

此处引文中出现的"是""厓""乙"等字是李滉为韩国语注释加上的一种词尾符号。李滉的这一注释加上语法问题引发了根源性认识的问题。尤其是在认识问题上，不仅是要与陆王理论相区别的问题，而且与程朱体系内的理论也产生了争议。

李滉的这些注释中，成为当时争论对象的部分主要是"物格"和"物格的注"，即"物理之极处无不到"的解释。当时反对李滉注释的学者有两类，一类学者相信"理本来就在我心，不是分散在各处"，他们主张，无论是在"物理之极处"后边加上"厓"这一词尾，还是加上"是"这一词尾，将理与我区分为彼此，都是不妥当的。另一类学者认为"物格"是一种融合了众理的"知之至"，

---

① 但是，李滉没有提到过"心到""我到"这样的语言。（参考《大学释义》）
② 李滉认为，穷理者应首先理解朱熹所说的"事物之理即我心之理"。
③ 《退溪全书》上，《答郑子中（格物物格俗说辩疑）》，第 627 页。

他们主张,如果在"物(物理之极处)"后加上词尾"匡",就会导致语句出现主宾语,完全无法表现出融汇众理的功能性质,应该加上词尾"是"。① 针对这个主张,李滉如是反驳道:

> 以理言之,固无物我之间,内外精粗之分。若以事物言之,凡天下事物,实皆在吾之外,何可以理一之故,遂谓天下事物皆吾之内耶?②
>
> 致知工夫实是众理融会之妙,似若无物我之分,犹可以彼此主宾言之。况此物格之说,只是说那事物之理之极处(匡)无不到云耳,未说到这边融会之妙来。夫指其处而言其已至,则其有主宾之辨。③

李滉认为,首先,无论是在经验中还是实际的世界里,都有物我之分;其次,物格还不是众理融汇的知至状态,因此在"物理之极处"后面加上"匡"词尾表示还没有到达极致的状态。

但是,李滉还曾表示说,在这种情况下,加"是"这个词尾也是说得通的,并无大碍,因为它意味着"众理之极处无所不至"。例如,读完一本书后,指着这本书的最后一节说"这本书从头到尾没有没读过的地方",所表达的意义一样的。因此,李滉坚称,"是"这个词尾不同于其他学者④所主张的"理自到说"。当时有部分学者主张"理自在我心",认为"物理之极处无不到"。

最终,李滉为终止围绕物格注释而发生的争论,提出了自己的修正说,即所谓"物(每个)格"。他似乎相信,"物(每个)"的

---

① 《退溪全书》上,《答郑子中(格物物格俗说辩疑)》,第627页。
② 《退溪全书》上,《答郑子中(格物物格俗说辩疑)》,第628页。
③ 《退溪全书》上,《答郑子中(格物物格俗说辩疑)》,第628页。
④ 此处似指老泉金滉和瓢道人朴光佑等学者。

表述方式可以避免争议。然而，这其实也是一种没有任何意义的模糊的解释，因此这一修正说仍存在引发争论的问题。

3. 理发现说

如上所述，李滉认为人对理的认识是通过人心在主客或物我的两种状态下，最终寻找到理。吾心最终找到事物之理，就是虚灵之心的能力，即"心之用"。

即使已经提出了修正说，但李滉还是不相信当时部分学者所信奉的"理自到说"。因为李滉认为最终实现理的是"我"和"我的心"，所以不能接受"理自到说"。但最终他改变了自己的看法。李滉以理实在论的"理有体用"为前提，解释四端是"理发而气随之"，① 认为"太极动而生阳"是"理动则气随而生"，② 因而在理的体用说理论基础上接受了"理自到说"。关于这一问题，李滉在与奇大升的论辩中如是说道：

> 前此滉所以坚执误说者，只知守朱子理无情意、无计度、无造作之说，以为我可以穷到物理之极处，理岂能自至于极处。故硬把物格之格，无不到之到，皆作己格己到看。……朱子曰，理必有用，何必又说是心之用乎。……则其用虽不外乎人心，而其所以为用之妙，实是理之发见者，随人心所至，而无所不到无所不尽。但恐吾之格物有未至，不患理不能自到也。然则方其言格物也，则固是言我穷至物理之极处，及其言物格也，则岂不可谓物理之极

---

① 关于这一问题，作者曾在《退溪的心性观研究》（《亚细亚研究》35 号，1969 年）中有详细的论述。
② 关于这一问题，参考作者撰写的《退溪的太极生阳仪观》（《亚细亚研究》35 号，1969 年）。

处，随吾所穷而无不到乎？是知无情意造作者，此理本然之体也。其随寓发见而无不到者，此理至神之用也。向也但有见于本体之无为，而不知妙用之能显行。①

如上，李滉虽然在理体"无动静"的角度上，否定物格的"理自到"，但在理用"有动静"的角度上，承认"理自到"说法。也就是说，不同于从前，现在承认"理自到说"。但需要注意的是，李滉接受的"理自到说"不是指事物的理无条件自到，而是"随吾所穷而无不到"。在格物上，"吾所穷"应是前提，这也是他接受理自到说的底线。

虽然李滉的理自到说存在一定的局限，在合理化上也存在相当大的困难，但其意义却非常大。首先，在将"理"视为客观真理时，相信"理自到"，就是赋予真理的客观性具有主观能动性的思考方式。这证明"理"具有超越人类主观意志的客观性，以及实现这一普遍客观性的能力。而且，此时的"理"不仅意味着客观真理，还意味着作为"善"或"所当然"的主观性真理，而且其中作为主观性真理的意义更为重要。由此可见，李滉接受"理自到"是因为他将"义理"看作"不变的忠诚（义理）"，相信"主观真理的绝对性"。归根结底，可以说，李滉以理自到为前提的格物说的问题意识，与他相信客观真理的普遍正当性以及主观真理的绝对实现性的信念有关。

李滉的理自到说让我们联想到朱熹的"人心应听命于道心"和孔子的"闻道"思想。② 李滉关于"理自到"的思考，既可以说是理气说对道心说的重新阐释，也可以说是性理学对闻道说的深化。

---

① 《退溪全书》上，《答奇明彦别纸》，第 464－465 页。
② 李滉说道，"所谓闻道，当兼知行之功，贯天人之理而言"。

因而不妨将李滉的格物说看作一个发展性地体现出东方传统思想信奉真理的普遍性和正当性的一个例证。

四、方法论

1. 居敬涵养

现在看一下探究这些真理所需要的方法问题。李滉是如何思考格物或穷理所必需的条件和方法的呢？

在笔者看来，下面这段论述或许就是广义上的探究真理学问所需的基本条件。

> 心气之患，正缘察理未透而凿空以强探。操心昧方而揠苗以助长，不觉劳心极力以至此，此亦初学之通患。①

端正的学术态度无非就是正确的"察理"和"操心"。"察理"需要摒弃"凿空强探"的态度，"操心"则需要放弃"揠苗助长"的心态。李滉提出的"察理"和"操心"分别对应了程颐的"穷理"和"居敬"，因为李滉在阐释什么是正确的学术方法时，非常频繁地使用"居敬穷理"一词。

> 道之浩浩，学者难得其门而入。程朱之兴，以居敬穷理两言，为万世立大训。②
> 二者（居敬穷理）虽相首尾，而实是两段工夫，切勿

---

① 《退溪全书》下，《自省录·答南时甫别纸》，第153页。
② 《退溪全书》上，《与朴泽之》，第334页。

以分段为忧，惟必以互进为法。①

至如敬以为本，而穷理以致知，反躬以践实，此乃妙心法，而传道学之要。②

如上，李滉认为，兼顾居敬穷理是一种理想的学术态度。不仅要兼顾居敬穷理，此外还有一个必须条件，就是要亲身实践"知"。这对于坚持主张知行"相须互进"的李滉而言，也是理所当然的主张。

但在如上引文中，相比"亲身实践"这一观点，我们更须关注的是"敬以为本"的观点。可见文中并没有将居敬和穷理作为同一层面上的等同条件，而是将居敬作为穷理之前必须满足的条件。实际上，体现李滉这一观点的例证还有很多。

大抵人之为学，勿论有事无事有意无意，惟当敬以为主。③
敬者一心之主宰而万事之本根也。④

李滉不仅强调"敬"是穷理之前所要求的做学问的条件，而且坚持主张"敬"主宰"一心之动静"，是行万事之根本条件。

那么，居敬的具体方法是什么呢？按照前文所讲，不要"揠苗助长"无疑是一种方法。但正如李完载教授所讲，李滉讲究居敬的具体方法不仅限于这一种。⑤ 程颐曾将"敬"解释为"整齐严肃""主一无适"等，这些都是居敬的具体方法。⑥

---

① 《退溪全书》下，《自省录·答李叔献》，第171页。
② 《退溪全书》上，《戊辰六条疏》，第186页。
③ 《退溪全书》上，《答金惇叙》，第654页。
④ 《退溪全书》上，《圣学十图·第四大学图》，第203页。
⑤ 李完载：《退溪先生的学问方法》，《退溪学研究》（退溪先生四百周年忌纪念事业会，1972年）。
⑥ 李滉在《圣学十图》之《第四大学图》中有这样的说明。

2. 穷理的方法

要求以居敬为前提的穷理，其具体方法是什么呢？如前文所述，首先，不要"凿空强探"是一个具体方法。但是在李滉看来，穷理的方法也不止这一种。

正如李完载教授的研究所指，李滉首先沿袭了朱熹的"即物而穷其理"的方法。如李滉如下文章中所述：

> 凡圣贤言义理处，显则从其显而求之，不敢轻索之于微。微则从其微而究之，不敢轻推之于显。……分开说处，作分开看而不害有浑沦，浑沦说处，作浑沦看，而不害有分开。不以私意左牵右掣，合分开而作浑沦，离浑沦而作分开。如此久久，自然渐觑其有井井，不容紊处，渐见得圣贤之言横说竖说，各有攸当，不相妨碍处。①

这种不随意安排、分析、罗列对象而是自然地接近事物、观察事物的"即物观法"，就是李滉采用的穷理方法之一。以"即物观法"为主，李滉还列举了"虚心逊志""慎思观察""沈潜玩索""积久渐然"等方法。② 也就是说，李滉基本上都接受了朱熹的穷理方法。

但下面的引文中，可以看到李滉穷理的方法不止这些，而且更体现出了李滉自己摸索的穷理方法。

> 大抵义理之学，精微之致，必须大着心胸，高着眼目，切勿先以一说为主。虚心平气，徐观其义趣，就同中而知

---

① 《退溪全书》上，《答奇明彦（论四端七情第二书）》，第422页。
② 李完载教授的《退溪先生的学问方法》（《退溪学研究》）一文中详细地论述这一内容。

其有异，就异中而见其有同。分而为二，而不害其未尝离，合而为一，而实归于不相杂，乃为周悉而无偏也。①

这段是李滉在看到高峰奇大升对"四端""七情"的解释后写的文章。也就是李滉在看到奇大升严格区分相同与不同的分析方法后而提出的见解。李滉认为，无论是分析还是综合，都不应只关注事物的一面，而应采取把握事物整体（周）即"周悉"的态度。要达到"周悉"的目的，首先要分清异同，但更要了解"同中有异""异中有同"。换言之，用综合方法把握事物时要通过分析的方法才会有更好的理解，而运用分析的方法时要通过综合的方法才会有更好的理解，不能只依靠某一种方法。归根结底，将综合和分析相结合的方法就是李滉所强调的"周悉穷理法"。

李滉穷理法的最突出特点就是体现在"周悉"式的方法论上。李滉求真的态度体现在摆脱偏见和偏知，获得正见和全知。从中可见，李滉力求在贯通其内外、表里的整体联系中把握事物的理，圆满地实现"达贯"。李滉无数次提到的穷理的最终目标"豁然贯通"，更可以证明这一点。李滉的如下文字就是代表性例子。

> 敬以为主，而事事物物莫不穷其所当然与其所以然之故，沈潜反复，玩索体认而极其至，至于岁月之久，功力之深，而一朝不觉其有洒然融释，豁然贯通处，则始知所谓体用一源，显微无间者，真是其然，而不迷于危微，不眩于精一而中可执，此之谓真知也。②

---

① 《退溪全书》上，《答奇明彦（论四端七情第一书）》，第406页。
② 《退溪全书》上，《戊辰六条疏》，第185页。

李滉认为，只有通过豁然贯通达到的"全知"才是"真知"。毋庸置疑，这是李滉"周悉"式穷理观的归结点。

但是，值得关注的是，李滉的穷理观中，"敬"比穷理本身更加重要。李滉之所以比"穷理"更加重视"敬"，并将其作为前提条件，是因为他认为圆满的"达贯"是在无私欲、无邪心的状态下实现的。由此看来，李滉"居敬穷理"的方法论既符合他对真理普遍性和绝对性的信仰，更契合他以"为己之学"为导向的性理学根本精神。

五、结语

综上所述，李滉真理观的内容和意义大致可概括如下：

第一，李滉坚持"相须互进"的知行说，不是为了追求知识本身将客观知识作为知识，而是将追求以行善（义理）而必需的实践知识作为真理。因此，"知"不是简单的"知识"，而是"智慧"。追求"智慧"而不是"知识"正是李滉知识观的特征。

第二，李滉接受以"理自到"为前提的格物说，体现了客观真理的普遍适当性和对"主体真理的绝对性及绝对实现"的信念。尤其是从他主体性真理的观点来看，他通过"理自到说"让我们窥见了他"忠诚不变"和"事必归正"的信念。因此，李滉以"理自到说"为标志的真理观，具有深刻的基于理性的"理想主义性格"，没有沾染基于感性的相对主义性格。应该看到，这里隐含了李滉以立足理性的理想主义为基础[①]，判断和观察人类行为和人类历史的意志。但问题是，如果仅靠"理用"来合理化"理自到"观点，可能会引发争议。

[①] 这一点在作者的《退溪哲学的理想主义性格》（《退溪学报》19辑，1978年）中有论述。

第三，李滉探索真理的方法，即穷理法，兼容分析和综合从而获得真知的"周悉法"，是最具代表性的方法。这也是摒弃偏见、偏知实现圆满的"达贯"或挖掘所有事物根源的"豁然贯通"的方法。

第四，从其坚持实现真知的"豁然贯通"方法来看，李滉的求真方法可以理解为依靠直观的方法。然而，如果从其兼容分析和综合的这一点看，却也不能断言一定如此。这或许是一个值得进一步研究的问题。

第五，李滉认为，"居敬"是应比穷理先行的一个重要条件。由此可见，他更关注"主体自觉"，而不是穷理。这体现了品德优先于学识的思想，以及"品格完整"重于"周悉物理"的思想。而这更是体现了李滉努力通过自我觉悟建立主体性的精神，也就是"为己之学"的根本精神。

归根结底，李滉真理观体现的思想无一脱离程朱性理学思想，反而是进一步深化程朱学的结晶。正因如此，李滉思想既能展现正统儒学的真面目，又能窥见东方思想的精髓。尽管李滉的真理观不无缺陷，但作为东方的正统思想，仍会对当今的西方思想有不少启示。

第二章 宇宙发生观[①]

一、问题的提出：与理气论相关的问题

本章将重点介绍"太极生两仪"的理论。"太极生两仪"源自《周易》的"易有太极，是生两仪"[②]。《周易》中的"两仪生四象，四象生八卦……"[③] 体现的意义更加明确。"易"本意是"生生之谓易"[④]。两仪（阴、阳）、四象（老阳、少阳、老阴、少阴）、八卦（乾、兑、离、震、巽、坎、艮、坤）都具有表示事物特性及状态的意义。因此，"太极生两仪"的本意是指所有事物的特性及状态的生生不息变化都来自太极。所以这句话成为《周易》被作为预测人世间吉凶变化的卦书的理论基础。

事物的特性和状态的变化是以事物存在及其生成为前提的。《周易》对事物存在及其生成进行了详细的论述。"太极生两仪"中也包含着太极始于太初的含义。"两仪"在阴阳存在及生成的角度上不仅指事物的特性及状态，也指形成事物的材料。因此，后来的性理

[①] 本章以发表在《亚细亚研究》35号（1969年9月）的论文为基础修改而成。
[②] 《周易·系辞上传》。
[③] 《周易·系辞上传》。
[④] 《周易·系辞上传》。

学者使用"易有太极,是生两仪"来阐释事物生成的起源。周敦颐的《太极图说》就是其中典型例子。

综上所述,太极是事物不断生成的最初根源,太极生阴阳两仪,从而产生了天地万物。这就是儒学"天地开辟说",即宇宙发生论。那么,性理学中的"太极"及"阴阳"是指什么呢?两者之间是什么关系?

按照朱熹等性理学者的说法,太极即理,阴阳即气。

> 总天地万物之理,便是太极。①
> 无极而太极,只是说无形而有理。②
> 阴阳是气。③

朱熹主张,太极即理,理生阴阳即气,从而形成宇宙。作为性理学者的李滉也持同样的观点。李滉如是说道:

> 今按孔子周子明言,阴阳是太极所生。若曰,理气本一物,则太极即是两仪。安有能生者乎?④

李滉主张,太极即理,阴阳即气,太极生阴阳即理生气。理气本不是一物,那么,理和气是什么呢?

即使是在性理学者之间,对理气的看法也不尽相同。他们对"太极生两仪"的看法实际上取决于对理和气的看法。因此,我们先考察李滉所认为的理和气,然后再了解他对"太极生两仪"的看法,

---

① 《朱子语类》卷九十四,第11页。
② 《朱子语类》卷九十四,第1页。
③ 《朱子语类》卷三,第4页。
④ 《退溪全书》上,《非理气为一物辨证》,第921页。

最后分析他的看法是否妥当。因为这个问题是以他的理气观为基础构成的,所以我们将在与此相关联的范围内,对他的理气观进行根本性的探讨。

从存在论以及生成论角度分析李滉的这一见解,可以说是从事实出发的考察分析。但如前所述,这个问题与人世间的吉凶问题密切相关,因而从价值观的角度重新审视这个问题也是不可或缺的。从性理学者的普遍倾向来看,李滉相比事实反而更加注重价值。因此,本章将全面分析和阐释李滉的这一见解及其理气论。

二、李滉的独特见解

1. 理与气的意义①

(1) 理的意义

李滉以鸢和飞鱼为例,指出理是"所以飞,所以跃者"②。"所以然者"或"所以然之故"就是理。③ 展开来说,理就是原因或理

---

① 李滉虽然写过《非理气为一物辨证》,但并未明确、系统地定义理和气是什么。因此,要理解他认为的理和气的概念,只能搜集李滉分散记载涉及对理气概念解释的短文、文章、句子,并通过解释这些文字所需的各种资料加以理解。但这种方式最终会陷入依据作者选择的内容来理解"李滉所认为的理和气",只能"隐约觉得是李滉设定的理气概念"。但是,这一区别似乎并没有从李滉思想中得到明确的体现。只有在进一步阐明理的意义时,才能间接认识到这种区别。
② 《退溪全书》上,《答侨佺问目》,第899页。
③ 《退溪全书》下,《论所当然所以然是事是理》,第185页。

由。当然，原因和理由是有所区分的。① 因此，在理的意义上，也应该有原理和理由之分。

"理"本意是指一切法则，表示原理、原则、道理等。这种认知最早始于性理学正式使用"理"这一用语之时。② 李滉使用"理"这一用语，主要体现在他按照朱熹观点提出的"总天地万物之理，便是太极"中。③ 但是，这里的"总天地万物之理"是指与万物相关的一切法则。李滉将"理"用作表示"一切法则"含义时，重点突出了必然的法则和当为的法则。他将"所以然"和"所以然之故"与"所当然"和"至当之则"作为理的内容进行对比。④ 此时的所以然之理只意味必然的法则，而所当然之理只意味当然的法则。即，如果对比作为法则的"所以然"和"所当然"，则"所以然"的意思就只是指以原因概念为基础的必然法则。因此，此时因"所以然"而产生的原因和理由的意义领域也比较明确。然而，在"所以一阴一阳之理"⑤ 这句话中，虽然是单独使用，但理也只意味着必然法则。

李滉虽然区分对比了"所以然"和"所当然"之理，但最终还

---

① 原因是指结果。所谓原因，其前提是有一定的原因必然导致一定的结果。即，这个词是在假设"必然的系列"或"必然的法则"情况下使用的。从这个意义上说，"原因"这个词的应用领域是必然规律的世界。理由是指归结。所谓理由，其前提是当有一定的理由时，可能会或不会因此而导致归结。因此，理由与归结没有必然关系。即，"理由"这个词并不只是用来假设必然规律的。从这个意义上说，"理由"这个词的应用领域可以说是当然之法则即"当为"，而不是必然规律的世界。

② "理"这一词，在程子正式使用后成为性理学用语。理是这样使用的："天下物皆可以理照，有物有则，一物须有一理。"（《二程遗书》卷十八）。程子主张，所有事物都可以通过理来解释。因为正如《诗经·大雅·烝民》所讲，"天生烝民，有物有则"。

③ 《朱子语类》卷九十四，第11页。

④ 《退溪全书》下，《论所当然所以然是事是理》，第185页；《退溪全书》上，《戊辰六条疏》，第186页。对比了"所以然""所以然者""所以然之故""所以然而不可易者"和"所当然""所当然者""至当之则""所当然而不容已者"。

⑤ 《退溪全书》上，《戊辰六条疏》，第186页。

是认为他们是相一致的，主张"所以然"和"所当然"都是同一理。① 李滉提出，"盖君仁臣敬之类，皆天命所当然之理"。他还曾引用真德秀的"……然仁敬等非人力强为，有生之初即禀此理，是乃天之所与也"② 观点。在李滉看来，即使"所当然"只是事关人类行为的"事"，但其条件是人类必须遵守必然的先天法则即理。因此，在李滉所主张的"理"中，不论怎样区别必然法则和当然法则，但实际上两者在内容上没有什么不同（因而理同时意味原因和理由）。所以，李滉所说的"理是一阴一阳之因"之类说法中的理，仅是出于方便而说是必然的法则。也就是说，这不过是理的整体意义中一个方面而已。

如上所述，以必然、当然法则一致为前提的情况下，在其侧重当然之法则而论理时，理又是另一种表达方式。李滉所说的理是以"极"的意义为前提的，"各具一极"。③ 但是"极"除了包含"至极"的含义之外，还兼具"标准"的含义。④ 若没有这样的"理"，就无法形成事物，即"理气合而命物"。⑤ 对于每一个事物而言，理就是标准，即，是每一个事物之所以成为事物的标准，是必须遵守和遵循的标准。从这一点看，理与事物的生成形式或本质相同。在论述只代表这样意义的理时，李滉称之为"所具于事物之理"⑥。

由此可见，李滉的观点站在程颐的"性即理"⑦ 立场上。因此，

---

① 《退溪全书》下，《论所当然所以然是事是理》，第 185 页。齐大升和郑惟一在"所以然"和"所当然"问题上存在异见。齐大升主张，所以然是理，所当然是事；而郑惟一则主张二者都是理。为此，他们向李滉请教，李滉倾向于郑惟一的意见。

② 《退溪全书》下，《论所当然所以然是事是理》，第 185 页。

③ 《退溪全书》下，《论理气》，第 702 页。

④ 《退溪全书》上，《答南彦甫》，第 368 页："然极之为义，非但极至之谓。须兼标准之义，中立而四方之所取正者看，方恰尽无遗意耳。"

⑤ 《退溪全书》上，《答李达李天机》，第 354 页。

⑥ 《退溪全书》上，《答禹景善别纸》，第 749 页。

⑦ 《二程遗书》卷十八。

"所具于事物之理"体现在人身上就是指人的本性。人的本性就是孟子所说的"仁义礼智"之"四端之性"①。正是这个原因,理通常被称为广义的理性。

和其他性理学者一样,李滉也用《论语》或《周易》《中庸》等儒家传统经典中的用语代替"理"的含义。如用"天命""天理""天""道理""道""中"等表达"理"的含义。而这些用词包含复杂的含义,因此李滉所说的"理"也相应地变得更加复杂。但是,这些个例都只是"理"的基本含义用于特殊事例而已。因此,只能根据每个事例的情况单独去理解,在此我们不做讨论。

(2) 气的意义

在鸢与飞鱼的例子中,李滉认为气意味着"其飞其跃"②。由此看来,"气"是指事物的现象。但是,在其他情境下,气的意义却与此不同,它表现为事物的现象存在。

李滉主张,事物在生成之初(禀气)是"气以成质"③的。这可以通过朱熹的"阴阳是气,五行是质,有这质所以做得事物出来"④或"阳变阴合,而生水火木金土"⑤加以理解。"质"原指"五行",即"水火木金土"。五行是构成事物的要素。但是,五行从根本上也是由阴阳之气构成的。因此,简单地说,事物是由五行构成的,更严谨地说,事物是由阴阳构成的。即,阴阳和五行都是指事物的质料。正因为如此,在朱熹或李滉看来,气与质被看成"气质"一个词,表示事物现象存在的一面。只是李滉提出的气的意

---

① 《退溪全书》下,《论四端七情书》,第405页。
② 《退溪全书》上,《答侨侄问目》,第899页。
③ 《退溪全书》上,《答李宏仲》,第804页。
④ 《朱子语类》卷一,第808页。
⑤ 《朱子语类》卷九十四,第3页。

义更严谨。由此推断,气是指构成事物的内容即质料。

在严格意义上使用"气"与"质"时,他们之间有轻重、清浊、粹驳之分。李滉认为"质"是气的"重浊者",气是在事物形成后流行于质中。① 气俗称"气运",质俗称"形质"。② 如果从"气运"的角度来看,气也是力量或能量。但是,如果从气有轻重的角度看,则绝不能称为力量或能量。

李滉认为,人心也是"理气之合"③。正如气有质料,就人而言,就是形成肉身。从前,人们通常认为心就是类似心脏一样的"一块血肉"。通过这个观点,我们有理由怀疑,构成心的气也有可能被看作一种血肉。但是,李滉坚称心绝不是血肉。④ 这时的气是一种具有血肉性质的东西,也可以表示感性的含义。⑤

如上所述,李滉不仅依据意义不同而区分理和气,还通过特性不同来区分理和气。但实际上,特性也属于意义的一部分(气的轻重、清浊实际上就是气的特性)。无论如何,因为李滉区分了理和气,所以主张"非理气为一物"⑥。

2. 理和气的特性及相互关系

(1) 理的特性

李滉认为,理的特性表现为"形而上"。⑦ 当然,这是依据《周

---

① 《退溪全书》上,《答李宏仲》,第804页。
② 《退溪全书》上,《答李宏仲》,第804页。
③ 《退溪全书》上,《答郑子中讲目》,第600页。
④ 《退溪全书》上,《答金而精》,第680页:"且凡言心,固皆主方寸而言……当如此活看,不可只认一块血肉之心为心也。"
⑤ 把气叫作感性也是可以的,这样在介绍气的特性时会更加清晰。
⑥ 《退溪全书》上,《非理气为一物辨证》,第921页。
⑦ 《退溪全书》上,《答李宏仲》,第808页:"凡形而上,皆太极之理。"

易·系辞上传》中的"一阴一阳之谓道""形而上者谓之道"而来的。《周易》中将生成的原理称为"道",而道是形而上者。因此,理也是形而上的。因为形而上者谓之道,所以李滉认为理的(不仅是意义)特性也是(表达形而上的意义)"道"。

形而上是指不能直接感知的、抽象的性质。理"无声臭、无方体、无内外、无情意、无计度、无造作"①,没有"生死穷尽"。② 简而言之,理是无作为的。

李滉将理与佛家的"神识"相比较论述理没有"生死穷尽"。

> 至于理,则无声臭,无方体,无穷尽,何时而无耶?释氏不知性之为理,而以所谓精灵神识者当之。……则安有是理耶?③

如上,李滉通过比较指出理本身具有不灭无穷的性质。可见李滉认为形而上的理具有"实在性"。其实,从李滉主张理是所以然者的思想中已经体现了理的实在性。

李滉以理的实在为前提,主张理是"纯善"④且"贵"⑤。即,从价值上讲,理不仅仅是一种善或当然的原则,而是其本身是纯善的、尊贵的。

(2) 气的特性

在李滉看来,气的特性表现为"形而下",这当然也是依据

---

① 《退溪全书》下,《答郑子中别纸》,第161页。
② 《退溪全书》下,《答郑子中别纸》,第161页。
③ 《退溪全书》下,《答郑子中别纸》,第161页。
④ 《退溪全书》下,《论四端七情书》,第406页。
⑤ 《退溪全书》上,《与朴泽之》,第335页。

《周易·系辞上传》中的"形而下者谓之器"观点而来，因而气的特性也表示为"器"。①

形而下是指可以直接感知和体验的性质，即事物的具体的、现象的属性。当然，当气的特性被表示为"器"时，"器"并不是指作为具体事物的"器皿"。它表示有别于具体事物的"形而下的性质"，即表现为事物的"具体性或现象性"。因为具体的事物本身不只有气，而是由气和理所组成。因此，用"器"来表现的"气"绝不可能是指具体的事物，只能是表示"形而下的性质"。由于用"器"字这一词语表示"形而下的性质"，而经常与表示"具体事物的器皿"含义相混淆，所以一直以来引发了很多混乱。

李滉认为，形而下的气除了具有"轻重、清浊、粹驳"的性质外，还具有"聚散、屈伸、至归"，② 以及"生灭"的性质。③ 李滉称气的这些特性为"有为""有欲"。④ 由于气的聚散、屈伸及生灭而形成"纯杂不一""千变万化"的现象。⑤

这些现象中当然也包括人类的行为。人类行为中的善恶现象是由气所具有的有为、有欲的性质造成的。但是，需要注意的是，唯独恶的现象是一个问题。

根据李滉的说法，恶是"气掩而理隐，则恶耳"⑥。也就是说，恶是由于气导致理无法体现所当然的价值。如果没有气则不会有恶的现象。因此，虽然气本身不是恶，但恶是由于气而产生的。气具

---

① 《退溪全书》上，《答李宏仲》，第 808 页："凡形而下，盖阴阳之器。"
② 《退溪全书》上，《答南时甫》，第 364 页；《退溪全书》上，《答郑子中》，第 601 页。
③ 《退溪全书》下，《答郑子中别纸》，第 161 页。
④ 《退溪全书》上，《与朴泽之》，第 335 页。
⑤ 《退溪全书》上，《答赵起伯问目》，第 863 页。
⑥ 《退溪全书》下，《答郑子中》，第 600 页。

有有为、有欲性，因而本质上可能会引发恶的现象。① 而且李滉在将这样的气与理对比时称之为"贱"，② 应该也是基于这一点。

如前所述，作为质料的阴阳也指事物的特性及状态。表示特性和状态的阴阳可以比喻为电的"阳极"和"阴极"。李滉认为，作为质料的阴阳之气同时具有正负两极的性质。他的这种观点在他的鬼神论和气的屈伸聚散说中有充分的体现。③

（3）理气的相互关系

关于理气的相互关系，李滉借用朱熹的理论，认为要从两个层面来看。④ 也就是从事物的层面（在物上）和从道理的层面（在理上）来说。

首先，从事物层面来看，理和气处于同一个地方，不能分开。

在物上看，则二物浑沦，不可分开各在一处。⑤

李滉曾主张所有现象事物都是由理和气构成的，所以只能这样说。但是，如果把前文所述关于理的"所以然之理"和"所具之理"二义运用在这里，那么这句话又可以这样理解，即，如果此时的理是表示生成原因即"所以然之理"，那么同时也表示实际事物的生成现象即气的作为。如果此时的理是表示本质或生成的形式即"所具之理"，那么则表示只有作为事物质料的气存在，理才能具有事实上的实在性（李滉还称之为田地材具⑥）。

---

① 《退溪全书》下，《答郑子中》，第160页。
② 《退溪全书》上，《与朴泽之》，第335页。
③ 《退溪全书》上，《答李宏仲》，第804页。
④ 李滉引自朱熹的《答刘叔文》（《退溪全书》上，《非理气为一物辨证》，第921页）。
⑤ 《退溪全书》上，《非理气为一物辨证》，第921页。
⑥ 《退溪全书》上，《答李达李天机》，第354页。

其次，从道理（或逻辑）的层面来看，理可以在事物存在之前存在，但物没有理则不可能存在。

> 在理上看，则虽未有物，而已有物之理。然亦但有其理而已，未尝实有是物也。①

但是，李滉认为，事物的现象存在实际上是质料的气的存在。从这一点看，这里的事物可以替换质料之气。也就是说，理在气之前可以存在，但气没有理则不能单独存在。而且还可以这样解释，即只有一定的因，才能产生一定的果。或者说只有先有一定的形式，这一种类的事物才能存在。②

如上是李滉关于理气相互关系的观点。③ 那么，理和气在哪一点上能够体现"太极生两仪"的观点呢？

3. 李滉理论的形式

李滉主张，现象事物由理和气构成的。如果承认这一点，那么宇宙就是现象事物的集合体，则宇宙是由理和气组成的理论成立。然而，在理和气中，气是指事物现象性存在，因此，宇宙的存在最终可以说是气的存在的总和。同时，李滉认为气有聚散、生灭的性质，因此，宇宙的本原只能从气的产生中寻找。

如果说气具有生灭的性质，那么可以说，现在的气都是由之前的气而生。如果继续追溯这一气的生成，其尽头最终会有一个本原

---

① 《退溪全书》上，《非理气为一物辨证》，第921页。
② 《朱子语类》卷一，《理气（人杰录）》。李滉主张的理和气的这种关系最终可以用朱熹的这段话来表述："此本无先后之可言，然必欲推其所从来，则须说先有是理。然理又非别为一物，即存乎是气之中。"
③ 此处存在需要重新审视、反省理和气概念中存在的不合理之处的可能。

作为开始。李滉也承认这一观点,称之为"开辟之初"或"一元之气"。① 《周易》和《太极图说》中所说的"阴阳"(更准确地说是"阳"②)就是"一元之气"。

那么"一元之气"是怎么产生的呢?一元之气的生成,其实(从存在的角度来看)不过是"物"的原始生成。因此,从理论上讲,此时的理是否应先于气的存在呢?李滉认为,先于一元之气存在的理就是太极。阴阳作为一元之气是太极所生,太极是"能生者"。③ 最终,生成一元之气的就是先于气生成的理即太极。太极是指一切事物的规律、原理。因此,太极也意味着一元之气的生成原理。而且,理是所有事物生成的所以然者,即原因。所以,作为理的太极甚至意味着一元之气的生成原因。

太极是一元之气的生成原理和生成原因,在李滉所主张的太极含义中,这两种含义与一元之气的生成关系最密切。李滉从太极的这两种含义中确信太极可以生阴阳。那么,太极是如何生成阴阳的呢?是否无论太极具有什么含义,理都是无作为的形而上者呢?如果太极作为理先于阴阳,那么只有无作为的理时,理是如何生成气的呢?

李滉主张说,"理动则气随而生",这是接受了周敦颐的"太极动而生阳,静而生阴"的思想。④ 因此,他认为"太极动则随阳而生",这正是李滉对"太极生两仪"的独特理解。从这一点看,可以说这就是李滉的"太极生两仪说"。

---

① 《退溪全书》上,《答郑子中别纸》,第604页。
② 阴阳只是词语表达上的顺序,生成的顺序是阳在阴之前。
③ 《退溪全书》上,《非理气为一物辨证》,第921页:"孔子曰,易有太极,是生两仪。周子曰,太极动而生阳,静而生阴,又曰,无极之真,二五之精,妙合而凝。今按孔子周子明言阴阳是太极所生。若曰,理气本一物,则太极,即是两仪,安有能生者乎?"
④ 《退溪全书》上,《答郑子中别纸》,第608页:"盖理动则气随而生……濂溪云,太极动而生阳,是言理动而气生也。"

但是,理动这一主张是否会给"形而上"或"无为"的理概念带来混乱和矛盾呢?

三、矛盾点与李滉的合理化

1. 理动的问题

李滉本人似乎也意识到,理动与气的特性相同,即,与理无为的特性明显矛盾。因此,李滉将体用说运用到理上。他主张说,理"无为"仅指理的体,而指用时,则理也具有动静,可以发和生。因为理自有用,所以可以"生阴生阳"。若能理解朱熹的"理有动静"理论,便不会对自己的主张抱有疑问。①

实际上,朱熹利用理气论述动静的理论很容易引起误解,比如下例:

> 有这动之理,便能动而生阳,有这静之理,便能静而生阴。既动,则理又在动之中,既静,则理又在静之中。曰:动静是气也,有此理为气之主,气便能如此否?曰:是也。②

此处理的意义只表示动静的道理和原理。即,表示因为有动静的原理而有气的动静现象。所以,只有气有动静,而理没有。可见,这个观点与李滉的说法和朱熹的说法都不相同。冯友兰也以此为根据说,"朱子虽然引用了濂溪的太极说,但对此的解释却与濂溪的本

---

① 《退溪全书》上,《答李公浩问目》,第889页:"朱子尝曰,理有动静,故气有动静。若理无动静,气何自而有动静乎?知此则无此疑矣。盖无情意云云。本然之体,能发能生,至妙之用也。勉斋说,亦不必如此也,何者?理自有用,故自然而生阳生阴也。"

② 《朱子语类》卷九十四,《周子之书(淳录)》。

意不同"①。金敬琢教授评论李滉的这一主张说,"退溪错误地解释了朱子的理气说,因而与濂溪的学说也相差甚远"②。

但是,很明显,李滉指出的朱熹理论并不是这个,而是朱熹所说的"理有动静,故气有动静。若理无动静,则气何自而有动静?"③。李滉指出并引用了以下内容:

> 朱子尝曰,"理有动静,故气有动静。若理无动静,则气何自而有动静?"知此则无此疑矣。④
>
> 按朱子尝曰,"理有动静,故气有动静。若理无动静,气何自而有动静乎?"盖理动则气随而生……⑤

如上,朱熹主张不仅气有动静,而且理也有动静。这与李滉的说法是一样的。⑥ 因此,不能说李滉误解了朱熹的理论。但是,朱熹的这一段话对于从根本解除李滉的理动静说存在的疑问,还是不太充分。因为这段话不过是李滉"理动则气随而生"说法的同义反复。由此,要想真正解决针对李滉的理气概念而产生的混乱,最终必须在李滉自己的理论中寻找答案。因为李滉主张理有动静的理由在于理用的角度,所以应该从他的体用论(特别是理的体用论)中寻找答案。

---

① 冯友兰:《中国哲学史》,第907页。
② 金敬琢:《中国哲学史中关于气的学说》,《高丽大学文理论集6》,第172页。
③ 《朱子文集》卷五十六,《答郑子上》(第14)。
④ 《退溪全书》上,《答李公浩问目》,第889页。
⑤ 《退溪全书》上,《答郑子中别纸》,第608页。
⑥ 关于通过朱熹哲学体系可以证明理本身之动的论文,参考市川安司编写的《朱晦庵哲學 における 理 の 性格》。市川安司:《程伊川學の研究》。

2. 理的体用

李滉主张，体用分为就事物而言的体用和就道理而言的体用。①

首先，就事物而言的体用，比如"舟可行水，车可行陆，而舟车之行水行陆"②。船在水里划行，车在陆地上行驶，其原理称为体；船和车在水上、陆地行走这件事本身，即实现的原理称为用。李滉认为，此时正体现了李球（号莲坊）"体起于象，用起于动"的主张。③

其次，就道理而言的体用，比如"冲漠无朕，而万象森然已具"。④ 其中，"冲漠无朕"相当于体，"万象森然"相当于用。就道理而言当然是从理的角度来讲的意思。也就是，从理的世界来论体用的意思。李滉认为理的世界也有体用，所以他批驳李球的"体用只能在有形象、有动静的环境（气的世界）中使用"，认为其"陷入形而下的一边"。⑤ 那么，"冲漠无朕，而万象森然已具"是什么意思呢？

这原本是程颐解释理时说的话。⑥ "冲漠无朕"是指超越感觉的某种"虚空状态"，即所谓"无的状态"，从形式上规定并表现出理的概念。另一方面，"万象森然已具"是指"各种物象无一遗漏的齐全"。更进一步说，这也指"具备万物生成之理"。后来，李滉用"太极"即"总天地万物之理"来代替，意为太极生天地万物。这

---

① 《退溪全书》上，《心无体用辩》，第918页。
② 《退溪全书》上，《心无体用辩》，第918页。
③ 《退溪全书》上，《心无体用辩》，第918页。
④ 《退溪全书》上，《心无体用辩》，第918页。
⑤ 《退溪全书》上，《心无体用辩》，第918页。
⑥ 《二程遗书》卷十八："冲漠无朕，万象森然已具，未应不是先，已应不是后。如百尺之木，自根本至枝叶皆是一贯，不可道上面一段事无形无兆，却待人旋安排，引入来教入涂辙，既是涂辙却只是一个涂辙。"

是从内容上定义理的概念。李滉认为从内容上定义理,就是理的用。那么,他为什么把太极的内容定义称为形式上定义体的用呢?这是因为他没有把"生成万物之理已具"看成单纯的可能性,而是认为"所有事物的原理作为实际都存在于太极之中"。所以,他认为这是就道理而言的用,并最终与就事物而言的用形成对照。由此看来,李滉认为即使是理动,理也不是形而下的,并没有混淆理和气。

如上所述,在李滉的辩解中,体用论如同一个标准,不仅适用于事物,而且适用于道理或理。那么,他所说的就道理而言的体用论和就事物而言的体用论是同一种体用论吗?

3. 体用一源

如前文所述,就事物而言的体用在指事物一定可能性的原理时称为体,指原理的实现时称为用。若将这样的体用标准适用于道理上,则"冲漠无朕"应成为"万象森然已具"的原理,反之"万象森然已具"应实现"冲漠无朕"这一原理。

但是,依据上述考察,我们却无法找到"冲漠无朕"和"万象森然已具"只是"无(或虚寂)的状态"和"实在的理"之间关系的依据。即使李滉曾经说过二者之间存在这样的关系,也应有合理的解释来证明这一关系,但李滉从未做出过这样的解释。

可以肯定的是,与其说是二者之间的关系,倒不如说"冲漠无朕"实际上体现了"万象森然已具"的形而上的特性。因此,很明显难以将这种关系定义为原理与实现的关系,在这种情况下,就太极而言,理的实在性也将变得毫无意义。李滉观点中存在的这一弱点,在李滉对李球的体用论评价中充分体现出来。李球主张体用论只适用于有形且有动静的情况下(气的世界),李滉对此评价说,

"遗却形而上冲漠无朕,体用一原之妙"①。可见,李滉在论述就道理而言的体用时,主张体用一源,自相矛盾。因此,李滉的理的体用论在理论上是不妥当的。那么,李滉是如何合理化他的理动或太极动的主张呢?

4. 体用论与无极、太极

《太极图说》中将理的体用问题表现为无极和太极的关系,即"无极而太极"。周敦颐也认为,若说太极是动的,则与阴阳无法区别。从这一点上,如果了解李滉如何看待无极与太极的关系,对理解李滉所说的理的体用问题可能会有所帮助。

李滉最初曾认为"无极"的意思就是某种"无形"的东西,因为当时他认为"极"的意思是理。② 太极就是指事物所具备的所有原理的理,无极是指连这种理都没有的某种无形的东西。无极和太极的关系与"冲漠无朕"和"万象森然已具"的关系并无二致,因此,这并不能给理的体用关系带来新的启示。

但是,李滉晚年对太极的看法发生了改变。他认为,无极不只是意味着无形,无极中也有理。③ 由此可见,李滉也有可能认为"冲漠无朕"中也是存在理的。

虽然李滉认为无极中存在理,却并没有明确说明无极之理与太极之理的关系。但是,他认同李养中(字公浩)的说法,即无极之理与太极之理同为"极至之理"。④ 由此推断,即使称无极和太极

---

① 《退溪全书》上,《心无体用辩》,第918页。
② 《退溪全书》上,《答齐明彦别纸》,第465页:"只循己见,以极字直作理字看,妄谓当其说无极时,但谓无是形耳。"
③ 《退溪全书》上,《答齐明彦别纸》,第465页:"盖前来,不屑遍考诸儒说……岂无是理之谓乎?"
④ 《退溪全书》上,《答齐明彦别纸》,第465页;《退溪全书》上,《答李公浩问目》,第889页。

（就道理而言）是理的体用关系，此时的体用也是一源的。归根结底，李滉提出的理的体用论并没有帮助他确定无极与太极的关系，理动和理气概念的混乱问题仍未解决。

李滉提出理的体用说，其本身是为了最终区分理气。事实上，李滉区分理气的意志非常坚定。在《非理气为一物辨证》中也鲜明体现了这种意志。但遗憾的是，他只提出了"这样的理"和气是有区别的，并没有就某种情境进行论证。甚至在《非理气为一物辨证》的内容中也没有相关论证，只是论述了前辈学者的理气二元观点以及建立在理气二元立场上的理论。下面我们来具体确认一下这一点。

李滉在这场辨证中，毫不犹豫地批判徐敬德、李球及罗钦顺的"理气非二"说法。但是，李滉自己主张理气非一物的辨证内容终究是来自《周易》或《太极图说》中的"太极生两仪"观点，针对"若理气为一物，则怎么会有太极即两仪"的说法的反问，也只能回答说"朱子称理气为一物"。李滉虽然始终坚持理气不同的立场，但这种主张无非是表明自己的立场而已。自然，表明立场无法从根本上解决"理动"的问题。

下面，暂且搁置理动的问题，看一下李滉的太极生两仪的观点。

5. 气生的问题

太极生阴阳，那么太极是否具有作为的能力？太极和阴阳是否分属不同种类？"生"字本身就存在这样的问题，"生"原本是他动词，比如"S生了O"，主体本身具备生的作为能力，而且S和O属于同类（同类生同类）。

即使在李滉那个时代，"生"也被认为是一个问题。李养中曾发现黄干（号勉斋）将"太极动而生阳，静而生阴"解释为"太极动而阳生，静而阴生"。即，原本作为他动词的"生"被修改和解释为自动词。李养中开始认为这一修改更能表现理的无造作性，遂向李滉征求意见。① 当时李滉却说，"不必和勉斋一样"②。因此，从李滉没有改变"生"字的位置这一点来看，他还是认为"太极直接生两仪"。这种情况下，李滉只能主张理气二元。

但是，如果进行辩解，可以说关于"生"字位置的讨论只是表述形式（语法）的问题。因而更重要的是李滉对"生"的根本看法。李滉解释自己没有必要像黄干一样修改"生"字位置，是因为"理自有用，故自然而生阳生阴"③。这是因为理的用自然可以生阴阳。不是单纯的理生气，而是理的用生气。而且是理的用，自然而然生的气。那么，理的用自然生阴阳究竟是什么呢？结合理用而言气生来看，则是李滉所说的"理动则气随而生"。"理的用"是指"理的动"，"用自然生气"则是指"气随而生"。但是，"动则气随而生"的含义尚不明确，仍需要李滉对这个问题做进一步解释。

李滉主张，理不能直接影响气。"理气交感"是指"交感当以二气言，不当以理字兼言"④。如果理不能直接影响气，则表示承认理动，或者暗示理不能直接生气。而且如果理不能直接影响气，理动则随气而生的"随"也不是表示作为的意思，只是表示时间上的同时性。因此李滉的观点是，理动和气生实际上是独立的，只是同时进行的。李滉的观点不是同类生同类式的太极直接生阴阳。因为如果说气生和理动是分开进行的，则确实没有必要像黄干一样改变"生"字的位置。

实际上，"理动则气随而生"这句话解释为"理的用自然生气"的意义时，李滉所使用的"生"字在语法、表现上也可以说和黄干

---

① 《退溪全书》上，《答李公浩问目》，第889页："勉斋曰，生阳生阴，亦犹阳生阴生，亦莫是恶其造作太甚否。"
② 《退溪全书》上，《答李公浩问目》，第889页。
③ 《退溪全书》上，《答李公浩问目》，第889页。
④ 《退溪全书》上，《答李达李天机》，第354页。

是一样的。"自然而生阴生阳"中的"生"字虽然是他动词,但"气随而生"的"生"字则是自动词。因此,"生"字被用于他动词所产生的理概念的混乱,以及理气被同类化的可能性,可以通过上述解释来化解。

6. 问题内部的根本性矛盾

如果说气不是由理直接而生,那么气和理就不是同类的,由此李滉推断理和气是二元的。但是,如果气不是由理直接而生且只有理却还没有气的时候,那么被称为阴阳的一元之气又是从何而生呢?这不就是无中生有吗?只有李滉能够证明这种解释是正确的,他才能更坚定地主张他所说的气和理根本不同的观点。而且只有说明这一点,他的太极生两仪说才能为理气二元说提供更合理的依据。但是,李滉并没有解释这一点。因此,他的太极生两仪说及理气二元论在这一点上可以说是不完整的。

另外,如果说气不是由理直接而生,那么则不能说理必然是气生的,进而也不能说理(就原因而言)先于气。如此一来,李滉的太极生两仪说无论是在理或气的任何一个层面都无法成立。换句话说,"太极生两仪"的概念现在已经从根本上否定了李滉最初提出的理和气的概念。那么,太极生两仪说为什么会暴露出这些问题呢?

李滉太极生两仪说中理和气之间反映的突出问题是"理动"和"气生"。

关于"理动"问题,首先应该指出的是,如何防止"理动"一词所引起的气概念混淆。然而,这是在承认理动之后才可能出现的问题。因此,更根本的问题是为什么承认理动。当然可以理解为上我们解释的那样,是为了暗示理不能直接生气。即便如此,这一解释也是在承认理可以间接生气的观点之后。所以更根本的是:为什么理生气?依据前文所述,认为理生气是因为假设理是先于气的生成原理的原理。尤其是认为理是气的生成原因的前提，才是"理动"问题的根本出发点和根本要求。

另一方面，关于"气生"的问题，首先应该指出的是气生究竟是以何种方式或过程产生的问题。但是，这一点并不关乎气的本质。揭示气以何种方式产生以及气生的过程，即揭示气生的必然原因在气本身，通过"气生"证明气与理根本上就是不同的。所以，就"气生"问题而言，其根本问题就是要阐明气始终是从气中生。气本源于气的前提是"气生"问题的根本出发点和根本要求。

毋庸置疑，"理"是先于气的生成原因，与气本源在气之内的说法是相互矛盾的，因为这两种说法不能同时成立。但是，李滉的太极生两仪说包含了这两个说法。他的前提是同时满足理和气的两个根本性要求。所以，李滉太极生两仪说存在的这种矛盾关系正是来自他的理气概念上具有的根本性自相矛盾之处。可以说，正是由于问题内含的根本性自我矛盾，导致李滉太极生两仪说在他的理气概念上无法同时在理气两个角度得到合理的论证。那么，他的太极生两仪说在理和气哪一个角度能得到合理的论证呢？为找出答案，先考虑一下考察的方法。

这种方法只能是从单一角度的考察。因为问题的根本性质已经决定只能进行单一角度的考察。即，只能从理气中的某一方的根本性问题点作为一个角度观点来考察李滉的太极生两仪说。因此，可以有两种方法：一是以理动问题从理的角度来检验这个理论，一是以气生的问题从气的角度来验证这个理论。但是，目前我们不能同时应用这两种方法，因此只能选择其中一种方法。

从前文所述中可借鉴，我们并没有解决理动的问题，搁置了理动的问题，转而考察了气生的问题。因此，我们决定还是在不考虑气生问题的情况下，从气的角度来解释这个问题。

7. 理用与气生

如前所述,李滉主张理动根本上意味着体用一原,实际上是毫无意义的。如果说理动毫无意义,显然"理动而气随而生"命题中有意义的只能是"气生"。也就是,"理用自然生气"最终只能表示"气自生"的意思。因此,从理用、理动角度看,"太极生两仪"说法是无法得到认可的,甚至他的立场也变成了"气一元论"。

李滉所说的理用和气生的关系会带来的结果,如下面引文所述:

> 太极之有动静,太极自动静也。天命之流行,天命之自流行也。岂复有使之者欤?……盖理气合而命物,其神用自如此耳。不可谓天命流行处亦别有使之者也。①

由理和气形成的一切事物的产生和变化不是受外力而形成的,假设有某种外力的话,也只能是理,也就是只能作为根本性原因的"太极"或"天命"。因此,从作为原因的理的角度来看,万物的变化都是由于"理用"(太极的动静、天命的流行)而自来的。即使有如太极或天命之类的外力,这种理终究是自我原因。但是,李滉所说的"理不能对气产生任何直接影响",那么(就原因而言的)理用从气的角度(表现的)来看,不过是气生本身而已。只是肯定了气的生成。因此,"理生气"(太极生两仪)从气的角度上是无法成立的。

那么,为什么李滉的太极生两仪说从理动的角度无法成立,甚至他的立场也会变成气一原说呢?

---

① 《退溪全书》上,《答李达李天机》,第354页。

8. 理气概念的混乱

如前文所述，从理动的角度来看，理被设定为是先于气生的，是气的生成原理及生成原因。因此，在理动的角度上，李滉的太极生两仪说是无法成立的，甚至他的立场都被归结为气一原论，这意味着不能设定理是先于气生、是气的生成原理及生成原因。实际上，当时在关于"太极生两仪"的讨论中已有观点指出，假设理先于气的存在，则区分理气的理气二元论是不能成立的。

李恒（号一斋）曾反问说，阴阳未生之前太极究竟存在于何处？阴阳已生之后太极和阴阳是否又各自单独存在？他认为，太极和阴阳不相离，只能是"理气浑然一物"。① 他如是说道：

> 太极之论，古人云，虽专言理而气在其中，虽专言气而理在其中。理气虽二物，而其体则一也。盖一而二，二而一者也。②

但是，李滉仍是坚持主张理气是不同的。③ 他鲜明指出，理和气，即太极和阴阳是有区分的。关于理的性质，李滉是这样解释的："至虚而至实，至无而至有，动而无动，静而无静。"④ 即，理虽然具有虚、无的性质，看似无法实际存在，但另一方面又具有实、有

---

① 《高峰集》卷四，《两先生往复书》卷一，第20页："盖两仪未生之前，两仪存乎何处？两仪已生之后，太极之理亦存乎何处？从这里面深思明辨，则庶见理气之浑然一物耳。余以为太极未生两仪之际，两仪固存乎太极之度内，而太极已生两仪之后，太极之理亦存乎两仪之中矣。"

② 《高峰集》卷四，《两先生往复书》卷一，第28页。

③ 《高峰集》卷四，《两先生往复书》卷一，第28页。李滉通过齐大升了解到李恒的观点。这封反驳信是写给齐大升的。

④ 《高峰集》卷四，《两先生往复书》卷一，第28页。

的性质，可以实际存在；虽然不能认为它具有动、无静的性质，但同时又具有静、无动的性质，所以理绝不是气。因此，这样的理不能与气是"一体"或"一物"。①

但是，"至虚而至实，至无而至有，动而无动，静而无静"也与"理的用从根源上与体一样"的观点并无根本区别，都是相互矛盾的主张。因此，李滉最终无法坚持主张理气不是一物。

那么，为什么理被设定为是先于气生的，是气的生成原理及生成原因？"太极生两仪"观点为什么会带来这样的结果呢？

四、矛盾点所在

1. 假定的前提

李滉主张"太极生两仪"说法成立的过程及其假定的前提如下：

①太极可说作是理，两仪可说作是气。

②理是一切事物生成、变化的规律（从事物的角度看），气是事物的质料。

③理指抽象的必然，气指具体的实体。

④就抽象的普遍者而言，理是形而上的；就具体的实体而言，气是形而下的。前者的特性是无作为，后者的特性是有作为（聚散性、屈伸性、生灭性等）。

⑤理是实在的。理不仅指事物生成的规律，也指生成的原因（所以然）。所以理也是实在的形而上者的原因（所以然者）。

⑥理是实在的，因而在理的世界本身存在动的理，具有"动而无动，至无而至有"的性质。

---

① 《高峰集》卷四，《两先生往复书》卷一，第28页："安有杂气而认为一体，看作物耶？"

⑦理是实在的原因,所以气不能先于理的存在,但理可以先于气的存在。

⑧结论:作为先行原因的理可以生气。即,理生气。

如上可见,第⑥点开始明显地暴露出概念上的混乱。⑥的"理有动静说"与④的"理无作为说"相矛盾。于是,理概念陷入了自相矛盾,最终又与气概念混淆。由此可以推断,导致李滉理概念自相矛盾的原因在于前提⑤。我们先假设④是基本前提,然后再来看前提⑤。

2. 理概念的两个特性

⑤的主要内容是说理是实在的,实在的理是指必然规律或必然原理,也称作"所以然者"。

必然原理是以原因和结果两个概念为前提的。在这种情形下,"原因"包含着"必然原理"。从这一点看,原理和原因存在上位概念和下位概念的差异。理同时具有原理和原因的两个意义,说明李滉忽略了这个差异。但是,最重要的是关于这两个概念的性质。

所谓必然原理,与代表一定的原因和结果的事实相关联,并不存在问题。必然原理仅意味着某种因果关系或必然系列的一种思维形式。因此,这只是一种概念或逻辑体系。因为只考虑概念(或意义)及其关系,这就不一定是实在的。而李滉认为是实在的,则是将这个概念甚至逻辑加以经验化和事物化。如果不是这样,实在性只是表示形而上的,那么至少气,特别是气的生,与没有赋予实在性时是一样的。因此,若想与气相关,原理的实在性只能与气的实在性相同。结果,承认原理的实在性就是理的事物化、经验化。

实在的原因,是指能够带来一定结果的,即意味着原因的内容本身。这不仅限于意味原因的内容或概念,它是指通过实际产生某种结果来建立某种因果关系的能力。因此,它属于经验或事物的领域。

但是，李滉在④中，将理气分为形而上和形而下的两个领域，形而上的理属于概念和逻辑的领域，形而下的气属于经验的领域。因此，理作为实在的原理及原因，无非是否定了他自己先前设定的理气二分观点。理概念内在的混乱正是由此引起的。

但是，⑤中所说的理并不仅仅是指单纯的实在的原因。这里的理是指"作为形而上者的实在的原因"。作为形而上者的实在原因这个说法与上述内容相对比，也是作为"属于概念、逻辑领域的"，表示"属于经验领域"的意义。因此，李滉的理气二分论之所以引发混乱，显然是因为理本身同时表示两个相互矛盾的性质。换句话说，就理用具有动的性质而言，因为相信理是实在的，所以很难区分理和气。而最终，用理用来证明体用一原说，是毫无意义的，因为相信理是实在的。

3. 前提中存在的矛盾

如⑦所述，理先于气存在从根本上也是以理是实在的（⑤）为前提的，毋庸置疑，这只会造成理气概念的混乱。而这一点在下文中会再次得到证实。

理先于气存在这一前提⑦的原型是："在理上看，则虽未有物，而已有物之理。然亦但有其理而已，未尝实有是物也。"① 即⑦中原本是附加了"在理上看"的条件。这一观点只有从理的角度上看，即只有在道理和逻辑上才能成立，在经验上是无法成立的。就经验上而言，即李滉所说的"在物上看"，到底是什么呢？李滉本人曾主张，"在物上看，则二物浑沦，不可分开，合在一处"②。在这种情

---

① 《退溪全书》上，《非理气为一物辨证》，第921页。
② 《退溪全书》上，《非理气为一物辨证》，第921页。

况下的理和气是绝不可能分离的,所以也无从说哪一个先行、哪一个后行。

很显然,⑦是代表经验性的(作为讨论经验世界的结论⑧的前提)。⑦是从经验的角度陈述理气分离。因此,⑦是李滉自己忽略了自己设定的"就事物上看"的条件。所以,若要承认⑦,势必会造成理气概念的混乱。

最终,李滉的"太极生两仪"主张因为认可⑦而犯了双重错误。因为相信先行的理本身是实在的原因,所以理的特性变成是经验性的,这就和气的特性一样。这与理本来的特性相矛盾。另外,理先于气的存在,只能是一个在道理上(理的角度)才能成立的命题,但是在他的太极生两仪说中,却被认为是一个基于经验性(气的角度)的命题。正因如此,理被看作是先于气的存在,是气的生成原因时,李滉的太极生两仪说就会造成气一原的结果。

由此看来,"理生气"的结论,即李滉的"太极生两仪"主张是在理气概念的混乱中形成的。因此,即使李滉承认"太极生两仪"是"太极动则阳随而生"的意思,但只要根本上存在这样的矛盾点,就无法在事实的角度被接受。

五、结语

如上所述,李滉自己也意识到,"太极生两仪"的观点与自己的理气二元论存在矛盾。正因如此,他才把体用论应用到理动说中。那么,李滉在意识到这种矛盾的情况下,为何不放弃这个观点呢?首先,估计他认为可以用"体用一原之妙"等理论解决这种矛盾。我们看到他也使用佛教中常用的"色即空、空即色"等用语。究其原因,性理学本身就是受佛教影响而产生的,因此这并不奇怪。

问题是,李滉为什么要用"妙"一词呢?难道是意识到"体用一元"观点也有不足的地方,所以需要再使用"妙"这个词吗?那么，他为什么不能放弃这个观点呢？可以推测，这个观点要么是他最终的哲学目标，要么在他的哲学体系中具有某种重要意义。也就是说，可以推论，是因为他认为仅仅是这种程度的理论上不完善，不足以放弃这一观点所具有的意义。如果可以这样推测，我们就可以暂时容忍这一观点的理论错误。其实，理本来兼具"所以然之理"的意思。因此，在以理讨论他的所有理论时，都应首先考虑这一理论的价值意义，然后结合他的整体哲学体系脉络加以评价。从这一点来看，不能因为李滉的太极生两仪观点无法合理论证，就认为这个观点完全没有价值。这也是在提出论题时就已经预料到的一点。

此外，从问题的性质出发，本章主要侧重在理问题上。因此，在李滉所主张的理和气观点中，特别揭示了理存在的矛盾。对此，或许会有观点认为李滉所主张的理和气观点中只有理存在弱点。但是，在对李滉的思想进行全面考察之前，对这样的观点必须持保留意见。从本章已经指出的事实（气生的问题）也可以推断出这一点。

本文只是明确指出李滉的理气概念中理概念存在的矛盾。希望通过这一点，给未来儒家哲学（理气论）带来修正的契机，哪怕只是这一观点，就已经足够了。即使李滉的这一观点所具有的意义日后得到高度评价，但是它作为一个理论，只有其理论中没有矛盾，才能具有更大的实际意义。

第三章 心性观[①]

一、序言

可以毫不夸张地说,李滉在世时因学问而声名鹊起是始于他提出的"四端七情论",即"四七论"。李滉和齐大升(高峰,1527—1572年)就四端七情论进行了长达8年的书信讨论,[②] 两人之间的讨论又成为其他儒学者讨论的重要话题。李滉去世后,他的四七论最终导致了近代朝鲜王朝儒学界主理、主气两派鲜明的对立。[③] 围绕四七论的主理、主气或者说岭南、畿湖两大学派之间的对立,是朝鲜王朝儒学(性理学)的一大特征。而形成这一特征的端始就是李滉的四端七情论。因此,虽然可以研究李滉学问的诸多方面,但就他对学术界的影响而言,不得不提他的四端七情论。

儒学的韩国本土化正逐渐成为当今的一个课题。如果"儒学的韩国本土化"即代表"韩国哲学的特色",那么李滉的四端七情论

[①] 本章以在《亚细亚研究》41号(1971年)发表的《退溪的心性论研究》为基础修改而成。

[②] 李滉于1553年(癸丑)通过《天命新图》提出"四端理之发,七情气之发"的观点,1558年(戊午年)至1566年(丙寅年)与齐大升展开了书论。

[③] 湖洛派的对立,从理气论上看也可以说是主理、主气两派对立的延续。

就是韩国性理学的特色之一，研究考察他的四端七情论就相当于对儒学韩国本土化的一个模板进行考察，具有重大意义。

四端七情论无论是从内容还是形式看，毫无疑问是一种心性论。因此，考察李滉的四端七情论首要从其揭示心性的基本理论着手。另外，李滉的四端七情论是站在理气论角度解释四端七情的，所以还应在与心性论相关的范围内阐释他的理气说。如果可能，也应充分探讨李滉的解释立场、前提及意义。李滉对四七论的解释，自引起奇大升的反驳开始，至今400多年来一直争论不休，一方面可能是因为其存在的问题性质，另一方面也可能是因为（辩论时的）语言表达存在不确定性，即辩论过程中使用的语言的含义、意义以及立场、前提等存在模糊性。

如果能够顺利解决如上问题，李滉理思想中存在的其他问题也将会获得新的启示。李滉曾将体用说运用到理思想中，但理用的层面遗留了一个问题，即理用是指理能动、能生的性质，但实际上理动、理生的性质是无法得到认可的，是一个不合理的和存在矛盾的性质。① 笔者认为，理的这一问题虽然确实存在不合理之处，但从价值上却具有一定的意义。② 正如李滉解释"四端"时提到"理发"，③ 理在用的层面具有发的特性，"盖无情意云云，本然之体，能发能生，至妙之用也"。④ 因此，如果能够顺利解决李滉四七理气解释中存在的这些问题，那么理用所具有的"发"的意义就可以作为了解"理动、理生"意义的依据。本章目的就在于达到这样的结果。

---

① 尹丝淳：《退溪的太极生两仪观》，《亚细亚研究》第12卷第3号，1969年，第227-254页。
② 参见尹丝淳：《退溪的太极生两仪观》，《亚细亚研究》第12卷第3号。
③ 《天命新图》："四端理之发"；《退溪全书》上，《圣学十图·第六心统性情图》："四端理发而气随之"。
④ 《退溪全书》上，《答李公浩问目》，第889页。

二、基本心性观

1. 心的定义

李滉认为,"不可只认一块血肉之心为心也"①。古人常把"心脏"当成"心",但从李滉所言来看,他似乎并没有把肉体器官的心脏当成"心"。当然,他也没有否定用表示"胸中"意义的"方寸"一词表示心的说法。②但他却提出,"此非心也,乃心之神明升降之舍"③,即血肉之心只是心发生作用的场所。李滉认为心不是由血肉构成的,是否意味着认为与构成身体要素的心本质上是不同的呢?李滉提出,"且凡言心,固皆主方寸而言,然其体其用,满腔子而弥六合"④。他认为,心不仅填满身体内部,还能填满整个宇宙。可见,李滉将与肉体相对的"意识(精神)或一般意识行为"称为心。因为意识及其行为是由"我"所产生的能力,是对"我"及(非我)其他事物的认识。

综上,李滉认为心是"一身之主宰者"。

> 夫兼体用,该动静,为一身主宰,而如环无端,反复不已者,心之为也。⑤

"主宰"表示运作、统领的意思。因此,"一身主宰"是指让身体各器官有机统一地运作,保证个体能够顺利地活动。但是,这不

---

① 《退溪全书》上,《答金而精》,第680页。
② 《退溪全书》上,《答金而精》,第680页。
③ 《退溪全书》上,《答金而精》,第680页。
④ 《退溪全书》上,《答金而精》,第680页。
⑤ 《退溪全书》上,《答卢伊斋别纸》,第294页。

仅指统一运作和控制身体的机械性活动,因为李滉从未对身体的(由自主神经系统产生的)机械性活动和(由本能欲望产生的)生物学意义上的生存等问题研究、发表过心理学说。从这个意义上看,一身之主宰应该是指主导个体进行意志性、选择性行为的意思。主宰行为具体是指什么呢?

李滉主张,"心发为意,意者心之发也"①。"发"字在《中庸》之后,表示心作用的开始或心作用的有无。因此,李滉这句话中的"心"和"意"很容易理解为同义词,但事实并非如此。李滉如是说道:

> 故非但意为心之发,情之发亦心所为也……先儒以情是自然发出,故谓之性发,意是主张要如此,故谓之心发,各就其重处言之。②

意只是心的一个作用。心是一个普遍概念,意是特殊概念。但是,表示有所主张的意义时,其特性与心之主宰的特性相同。从这一相同特性而言,故曰"心发为意,意为心之发"。也就是说,"意"在表示心的主宰作用的意义时,可以说"心发为意"。关于"意",李滉如是说道:

> 志意,朱子曰,志是心之所之,一直去底,意又是志之经营往来底,亦主张要恁地。……如公之不计艰险,作此远游,志也。此心随事发,一念要如何为之,意也。③

---

① 《退溪全书》上,《戊辰六条目》,第185页;《退溪全书》上,《答李宏仲问目》,第823页。
② 《退溪全书》上,《答李宏仲问目》,第823页。
③ 《退溪全书》上,《答金而精》,第684页。

故以舟车比情，以人使舟车比意。①

志是指面向未来或某一对象的状态，而意则是指衡量、调整志进而做出决定。打个比喻，情如车和舟，意如人驾车、行舟。因此，从意的角度来看，"一身主宰"是指调整所有的意志、欲望等，来决定一个人的行为，从而实现某种生活。而心就是指这种能力或表现这种能力的普遍现象，即普遍意识现象。

2. 与理气的关系

李滉用"理"和"气"解释说明一切现象，② 因而他也用理气来解释说明心理现象："心，理气之合；合理气为心也。"③ 下面了解一下李滉的理气观。

理指所有现象的原因及理由。理是所有现象的"所以然者"或"所以然之故"。④ 而且，所以然者任何时候都是指"法则"。因为与李滉有着学统渊源的程子曾说过："天下物皆可以理照。有物则，一物须有一理。"⑤ 当表示的法则形成鲜明对比时，李滉用"所以然"与"所当然"加以区别。⑥ 李滉认为，"所以然"和"所当然"都表示理，⑦ 但"所以然"主要强调必然规律，此时的理是"道所以一阴一阳之道"⑧；而"所当然"主要表示当为的意思，此时的理

---

① 《退溪全书》上，《答李宏仲问目》，第823页。
② 称李滉为性理学者也是基于这个原因。
③ 《退溪全书》上，《答郑子中讲目》，第600页。
④ 《退溪全书》上，《答侨侄问目答》，第899页："鸢飞鱼跃……而所以飞所以跃者，乃是理也。"《退溪全书》下，《论所当然所以然是事是理》，第185页。
⑤ 《二程遗书》卷十八。关于此处表示原因的"法则"这一概念具有什么样的性质，或者是否妥当的问题，参看笔者的《退溪的太极生两仪观》，《亚细亚研究》35号。
⑥ 《退溪全书》下，《论所当然所以然是事是理》，第185页。
⑦ 《退溪全书》下，《论所当然所以然是事是理》，第185页。
⑧ 《退溪全书》上，《戊辰六条疏》，第186页。

是"所具于事物之理"①。

李滉所说的理是以"极"的意义为前提的。理是指"（事物）各具一极"②。极既有"至极"的意思，也有表示"标准"的意思。③ 所以，理是事物的标准，即，是事物之所以成为事物的标准，是事物必须遵循的标准。由此看来，"事物所具之理"与事物的生成形式或本质是相同的。④

理的特性是"形而上的"⑤。"形而上"是指不能直接感知的属性，即抽象的属性。因而，它不具有作为的属性。理"无声臭、无方体、无内外、无情意、无计度、无造作"，因而没有"生死穷尽"。⑥"无穷尽"是指不能成为"无"的属性。"无穷尽，何时而无耶？"⑦ 可见，李滉相信理的实在性。

因此，以理的实在为前提，李滉认为理是"纯善"⑧、"有善无恶"⑨、"贵"⑩ 的。

所谓气，就是指"阴阳"。李滉认为，"气以成质"⑪。这应理解为朱熹所说的"阴阳是气，五行是质，有这质所以做得事物出来"⑫

---

① 《退溪全书》上，《答禹景善别纸》，第749页。
② 《退溪全书》下，《论理气》，第702页。
③ 《退溪全书》上，《答南张甫》，第368页："然极之为义，非但极至之谓，须兼标准之义。"
④ 原始儒学经典中还用"性""天命""天理""天""道理""中"等表示理。由于这些代用的词语具有复杂的含义，因而理的含义也因而变得更加复杂。但是，这些个别用法都是将理的基本含义应用于特定情况而已，需要根据具体情况来单独理解。这些不在本文讨论范围。
⑤ 《退溪全书》上，《答李宏仲》，第808页。
⑥ 《退溪全书》下，《答郑子中别纸》，第161页。
⑦ 《退溪全书》下，《答郑子中别纸》，第161页。
⑧ 《退溪全书》上，《论四端七情论》，第406页。
⑨ 《退溪全书》上，《与洪应吉》，第349页。
⑩ 《退溪全书》上，《与朴泽之》，第335页。
⑪ 《退溪全书》上，《答李宏仲》，第804页。
⑫ 《朱子语类》卷一，第808页。

和"阳变阴合,而生水火木金土"①。所谓质是构成五行即事物的要素,也就是说,质从本质上也是由阴阳之气构成的。气指"气运"时,气是"轻、清、粹"的;当气成质时,则气是"重、浊、驳"的。② 气与质也合起来用作"气质"一词。简单地说,现象的事物是由质(五行)构成的;严谨来说,则由阴阳构成。在这一点上,气是指事物的质料(材料)。

李滉以"鸢"和"鱼"为例指出,气是指"其飞其跃"③。从这个角度来说,气是指事物的现象本身。

气的特性是"形而下"的。④ 形而下是指可以直接感知和体验的属性,即事物的具体和现象属性。形而下的气除了具有"轻重、清浊、粹驳"的属性之外,还有"聚散、屈伸、归至"⑤ 以及"生灭"⑥ 的属性。李滉将气的这些特性归纳为"有为、有欲"⑦。

由于气的有为、有欲,因而会产生恶的现象。李滉主张说:"气掩而理隐,则恶耳。"⑧ 恶是由于气导致理无法体现出所当然的价值性而产生的。因此,气本身并不恶,但是恶的现象是由气而产生的。因为气具有有为、有欲的特性,本质上具有产生恶现象的可能性。李滉认为与理相比气是"贱"的,⑨ 似乎也是出于这个原因。

关于理与气的相互关系,李滉依据朱熹的说法做了如下论述。⑩

---

① 《朱子语类》卷九十四,第3页。
② 《退溪全书》上,《答李宏仲》,第804页。
③ 《退溪全书》上,《答侨侄问目答》,第899页。
④ 《退溪全书》上,《答李宏仲》,第804页。
⑤ 《退溪全书》上,《答南时甫》,第364页;《退溪全书》上,《答郑子》中,第601页。
⑥ 《退溪全书》下,《答郑子中别纸》,第161页。
⑦ 《退溪全书》上,《与朴泽之》,第335页。
⑧ 《退溪全书》下,《答郑子中别纸》,第161页。
⑨ 《退溪全书》上,《与朴泽之》,第335页。
⑩ 李滉引用朱熹的文章见《答刘叔文》。

首先，从事实上看，理气一处，不可分离。

> 在物上看，则二物浑沦，不可分开各在一处。①

原本李滉主张，"理气合而命物"②。现象性事物是由理和气组成的。理和气只是形成每个事物，并不是单独可以存在的事物。因此，理气实际上是不可分离的。假设理气被分开，那也不是实际的、事实上的被分开，只不过是概念上的区别。关于理气的关系，李滉说道："天下无无理之气，无无气之理。"③ 而且，只有在有气时，理才能拥有实际存在的地方，所以把气称为理的"田地材具"④。

其次，从逻辑上看，理可以在事物存在之前就存在，但没有理则事物不可能存在。

> 在理上看，则虽未有物，而已有物之理。然亦但有其理而已，未尝实有是物也。⑤

现象性事物的存在实际就是气的存在。因此，引文中的"物"也可以替换成"气"。由此可见，这句话与朱熹的"有是理，后生是气"⑥ 和"此本无先后之可言，然必欲推其所从来，则须说先有是理"⑦ 的内容是一样的。即，理虽然可以先于气而存在，但无理则不可能有气。这就是概念上或者说逻辑上的关系。

---

① 《退溪全书》上，《非理气为一物辨证》，第921页。
② 《退溪全书》上，《答李达李天机》，第354页。
③ 《退溪全书》上，《答李宏仲问目》，第816页。
④ 《退溪全书》上，《答李达李天机》，第354页。
⑤ 《退溪全书》上，《非理气为一物辨证》，第921页。
⑥ 《朱子语类》卷一，《理气（明德录）》。
⑦ 《朱子语类》卷一，《理气（人杰录）》。

那么，这样的理和气表现为心的哪些方面呢？如果说心是由理和气构成的，那么，心在理气上有哪些特性呢？

3. 心的理气特性

（1）理气的层面

李滉沿袭了程颐的"性即理"观点，认为"盖性非有物，只是心中所具之理"①，心所具有的理就是性。心所具有的理换句话说就是"所具于事物之理"适用于人的情况而言。"所具于事物之理"表示事物的本质。因此，心所具有的理就是指人的本质即本性。所谓性，《中庸》讲"天命之谓性"，是生而具有的本性。李滉认为，心中所具之理就是人的这种本性，称之为"本然之性"。②

但是，李滉所说的"本然之性"有一个前提条件。

> 只是不杂乎气质而言，则为本然之性，就气质而言，则为气质之性。③

李滉之所以提出这个论点，是因为本然之性表示事物的抽象和普遍特性，气质之性则表示具体的和个别的特性。④ 本然之性不考虑与气质的关系，只表示纯粹的理，所以纯善；而气质之性只表示气或气质的特性，所以非善非恶。⑤

心所具有的本然之性的理，是气作为的标准。

---

① 《退溪全书》上，《答金而精》，第679页。
② 《退溪全书》上，《答齐明彦》，第406页。
③ 《退溪全书》上，《答李宏仲》，第809页。
④ 关于这一点，李相殷博士有详细的论述，见李相殷：《朴文镐的人物性考》，高丽大学文理论集，第1辑。
⑤ 《退溪全书》上，《论四端七情第一书》，第406页。

> 定性书曰，人之心易发而难制者，惟怒为甚。第能于怒时，遽忘其怒，而观理之是非，亦可见外诱之不足恶云云。夫所谓易发而难制者，是为理耶？为气耶？……惟其气发，故云忘怒而观理。是乃以理御气之谓也。①

人在发怒时，阻止带来不良后果的是理所具有的判断是非性，即所当然性。李滉说"是乃以理御气之谓也"。由此可见，心所具有的理就是表示理性的意思。李滉称这种以理为主而言的心为"道心"。②

（2）感性层面

气是指事物的质料，因而在说心是由气构成时，也许会让人认为心是一个实体。但如前文所述，心不是"一块血肉"，所以这种想法无疑是一种误解。血肉只是心发生活动的场所（舍），如果说气与作为场所的血肉有所关联，就应是指因血肉而产生的血肉层面（如感觉等）。

事实上，意识现象并不是物质，而是作为经验事实而出现的人类功能性现象。经验性和功能性属于气的特性，只能用气的"形而下性"或"有为性"来解释。心所具有的气应是表示这个意义的。

气的特性不单指"有为"，还表示"有欲"。因此，所有的欲望都是通过气表现出来的。李滉认为，心所具有的理与性相同，心所具有的气与情相同，"盖合理气，统性情者，心也"③。情表示感情、情绪的意思。由此看来，可以说心所具有的气表现为感性的层面。

---

① 《退溪全书》上，《答奇明彦》，第402页。
② 《退溪全书》上，《答洪胖》，第887页："道心固原于性命。"
③ 《退溪全书》上，《答郑子中问目》，第600页。

李滉称这种以气为主而言的心为"人心"①。

(3) 虚灵不昧（认识）的特性

心之所以能发挥主宰的作用，大概是因为有与理相对立的气的层面。那么，就心而言，理和气的层面是始终对立的吗？它们相互协调的地方是否就是心的本质呢？

李滉曾说，"心之神明，满腔子而弥六合"。心的神明的本质在于不仅能够认知到自己，还能认知到宇宙中的其他事物。李滉曾如是写道：

> 心虽主乎一身，其体之虚灵，足以管乎天下之理。②

心的本质是"虚灵"的，可以认识到天下之理。所以李滉认为，心具有"神明性"和"虚灵性"，因这种神明性和虚灵性而建立了认识。

因虚灵性而形成的认知，李滉称之为"知觉"。

> 理气合而为心，有如许虚灵不测，故事物才来，便能知觉。③

如引文所示，李称心为"虚灵不测"。心的"神明""虚灵""虚灵不测"都是指"知觉"的能力，即认知能力。但是，李滉是用理气来解释虚灵不测的。

---

① 《退溪全书》上，《答洪胖》，第887页："人心固生于形气。"
② 《退溪全书》下，《论理气》，第702页。
③ 《退溪全书》上，《答郑子中别纸》，第603页。

李滉也曾称用"虚灵不昧"表示"虚灵不测",① 不测、不昧都是表示虚灵的结果,是无知、无明的反义词。因为虚的能力、灵的能力而达到不测、不昧的知或知觉的状态。虚的能力是指积累知识的能力,灵的能力是指探索物理的能力。李滉用理气重新解释了虚灵的能力。

非此心,无以寓此理气也。故吾人之心,虚(理)而且灵(气),为理气之合。②

虚是指理的(形而上的)本性,灵是指气的(有为的)本性。当然,这并不意味着理和气分开发挥其特性或能力,只是解释上的特性不同而已。李滉甚至表示,如果这个解释被理解为"表现为理和气分开",他会取消这个解释。③ 总之,"知觉"是理气合而形成的现象,理和气分别是知觉中的"所觉者"和"能觉者"。在此处,李滉引用了朱熹的"理与气合,便能知觉"和"所觉者心之理,能觉者气之灵"。④ 因而,理和气两个层面相互协调的时候就形成了认知,这种认知能力就是心的本质特性。

4. 心的体用:心、性、情的关系

关于心的特性,李滉也从"体用"的角度进行了解释,即"人

---

① 在与齐大升的讨论中主要使用"虚灵不昧"这个词。(《高峰文集》卷七,第26页以下)
② 《退溪全书》下,《天命图说》,第143页,第6节。
③ 李滉也认同齐大升指出的"如果分别用理气注释虚灵,有可能会导致误解理气是分开的"说法。因此,李滉提出将会删除这个注解。(《退溪全书》上,《答齐明彦》,第421页)
④ 《朱子语类》卷五,见《退溪全书》上,《答郑子中别纸》,第603页。

心备体用"①。

　　心的用是指从一般或总体而言的心的功能或作用,② 心的体是指完全相反的情况,即"没有发生任何作用的时候"。但是,心表现为体的层面就是"性",表现为用的层面就是"情"。前文所说的"心统性情"就是从体用的角度而做出的定义。③ 那么,李滉是如何看待性和情的体用关系呢?

　　李滉认为,性原本是指心的所有作用欲发而还没有实际发生的理。"理无形影,而盛贮该载于心者,性也。"④ 性如理一样"不能自发而自做"⑤,不能单独发动。性只能通过情才能显现（流行）。

　　　　若所谓性之流行,即情是耳。岂情外别有性之流行也?⑥

　　性的流行只能在情之中。情即"性之流行"。

　　李滉提出说,"因心以敷施发用者,情也"⑦。所谓情,是指对心而言的具体的、经验的表现。例如,"恻隐之心""是非之心"等带有心的表现方式。实际上发挥心的作用的就是情。因此,"性之流行即情"就是指只有在"情"的体验中才能找到心的理,只有从心体验过的事实中才能推理出理。情本来是经验所体现出的现象,所

---

① 《退溪全书》上,《答黄仲举》,第486页。
② 前文中论述心的特性时只是部分考察了心的作用。
③ 《退溪全书》上,《心无体用辩》,第918页:"以性情为体用,本于孟子。"
④ 《退溪全书》上,《答李宏仲问目》,第823页。
⑤ 《退溪全书》上,《答金而精》,第679页。
⑥ 《退溪全书》上,《答郑子中》,第164页。
⑦ 《退溪全书》下,《答李宏仲问目》,第823页。

以是由"理和气"组成的。① 因此,情的理表现为心的理即性。

如果可以从情的事实中推导出理,而理就是心"表现出来的可能性"的理,那么,情就可以说是理的实现。性与情的体用关系就是这种可能性与其实现之间的关系。因此,从理的立场上看,性与情虽然在理的内容上相同,但所言的层面不同。性是情的(作为可能性的)根据,情是性的实现,所以二者在逻辑上是因果关系。李滉以"性发为情""情性所发"来表示性与情的关系,② 通过"发"一词表示性与情的体用关系。

发表示自发性的动作变化,如发动、发出等。因此,从"性发为情"的表述来看,很容易认为性具有动态行为的能力。不仅如此,性情分别与理气相同,所以也很容易认为"性发为情"或"情性所发"与"理发为气"或"气理所发"的表述是一样的。但是,"性发为情"的"发"不能表示动态变化,因为"发"从体用的角度代表逻辑上的因果关系。即使"发"有表示动态变化的意义,也不能是在实际的事实(经验)的角度上表示的。它只能用于逻辑的(推理)角度。李滉所说的"性不能自做自发"充分证明了这一点。因此,认为性具有作为的能力是一种误解,从根本上否定理气区分而提出的"理发为气""气理所发"观点是不成立的。

心的体用被称为"性情"时,问题反而可能在于通过情来表现心的用。情表示情感、情绪,如果通过情来表现心的用,那么是否说思维层面就被排除在心的用之外了呢?是否就能说,情全部体现了心的作用呢?

思维作用作为心的作用,无疑也是心的用的一个层面,而且可

---

① 《退溪全书》上,《答奇明彦·论四端七情第二书》,第416页。针对奇大升所说的"盖人之情一也,而其所以为情者,固兼理气,有善恶也",李滉回复说,"夫四端非无气,七情非无理,非徒公言之,滉亦言之"。

② 《退溪全书》上,《圣学十图·第六心统性情图》,第205页。

以肯定的是，情表示心的全部作用。因此，有必要了解清楚在什么情况下，情表示思维层面的意思。

让我们看一个具体的例子。李滉称"四端"为情。① 因此，四端中的"是非之心"很明确是情的一个用例，既表示"辨别是非的心"，也表示"想要辨别是非的心"。前者是思维作用，后者是情感作用。由此可见，李滉在使用情的词语时，并没有严格区分表示感情与思维的层面。

但是，李滉区分了念、虑、思、智、意的层面，② 关于"情"与表示思维作用的"意"之间的关系，李滉如是说道：

> 因情之发，而经营计度，主张要如此，主张要如彼者，意也。③

也就是说，只有首先有情之发，才会产生应该做什么的思维作用。以"是非之心"为例，就是只应先有"想要辨别是非的心"，才能发生"辨别是非的思维作用"。也就是，情之发产生思维作用。所以，当情表现为心的用时，意味着"心的所有作用至少应首先在有情之发的情况下才能产生"。

李滉理论中的情，特别是关于四端七情的观点都是基于如上几点。那么四端七情是指什么？李滉的四端七情论又是什么呢？

---

① 《退溪全书》上，《答齐明彦》，第 405 页："夫四端情也。"
② 《退溪全书》上，《答金而精》，第 684 页："如公之不计艰险，作此远游，志也。此心随事发，一念要如何为之，意也。时时刻刻今顷所在之心，念也。因而有所图虑，虑也。文字义理，眇绵寻绎事物酬应，新旧省记，思也。"
③ 《退溪全书》上，《答金而精》，第 684 页。

三、关于四端七情的解释与论辩

1. 四端与七情

四端指孟子所说的"恻隐、羞恶、辞让（恭敬）、是非"①。李滉认为，四端必须用"端"来形容，"四端以端言，取发见而指端绪"②。也就是说，依据已经表现出来的"端"来揭示它的端绪。端绪指已经表现出来的和已知的，同时也表示还没有显现的、未知的以及与之相关的某些部分。事物的全部和真相都因此而被了解。③ 因为端绪而出现了"扩充"问题。对此孟子曾说过：

> 凡有四端于我者，知皆扩而充之矣，若火之始然，泉之始达。苟能充之，足以保四海。④

那么，四端代表什么呢？就是"仁义礼智"。"恻隐之心，仁之端也。羞恶之心，义之端也。辞让之心，礼之端也。是非之心，智之端也。"⑤ 在表示仁义礼智的意义中，恻隐、羞恶、辞让、是非之心分别是仁、义、礼、智的端绪。

关于仁义礼智，孟子曾专门通过对比"食色之性"来解释人的性。

---

① 《孟子·公孙丑上》："恻隐之心，仁之端也。羞恶之心，义之端也。辞让之心，礼之端也。是非之心，智之端也。人之有是四端也。"
② 《退溪全书》上，《答李平叔》，第849页。
③ 端绪一词因为具有指向某事的性质，所以类似"标记"或"符号"。
④ 《孟子·公孙丑上》。
⑤ 《孟子·公孙丑上》。

> 口之于味也，目之于色也，耳之于声也，鼻之于臭也，四肢之于安佚也，性也，有命焉，君子不谓性也。①
>
> 君子所性，仁义礼智根于心。②

如上，孟子认为，因耳目口鼻及四肢而产生的"食色"本能受制于肉体的气质（有命），故而不能称之为性。能被称为性的是根植于心的仁义礼智。为什么呢？

> 恻隐之心，人皆有之。羞恶之心，人皆有之。恭敬之心，人皆有之。是非之心，人皆有之。……仁义礼智，非由外铄我也，我固有之也。③
>
> 所以谓人皆有不忍人之心者，今人乍见孺子将入于井，皆有怵惕恻隐之心。非所以内交于孺子之父母也，非所以要誉于乡党朋友也，非恶其声而然也。④
>
> 一箪食，一豆羹，得之则生，弗得则死。嘑尔而与之，行道之人弗受，蹴尔而与之，乞人不屑也。⑤
>
> 由是观之，无恻隐之心，非人也。无羞恶之心，非人也。无辞让之心，非人也。无是非之心，非人也。⑥

如上，人人心中皆有仁义礼智，而能让所有人都知道有仁义礼智的则是恻隐、羞恶等四端的发露。所以，孟子断言，"人若无仁义礼智之心，则非人"。也就是说，仁义礼智是人的本性，孟子称之为

---

① 《孟子·尽心下》。
② 《孟子·尽心上》。
③ 《孟子·告子下》。
④ 《孟子·公孙丑上》。
⑤ 《孟子·告子上》。
⑥ 《孟子·公孙丑上》。

"人性"。因此,仁义礼智就是体现"本然之性"的情,即"四端"。

孟子之所以认为仁义礼智是人性,是从与食色之性相对比的角度提出来的。食色之性被认为是"不善"或"恶"的性。因此,与食色之性相对比的仁义礼智被认为是善的性。[1] 李滉主张说,因为仁义礼智是善的性,所以它的发露即四端也是善的性(四端皆善)。

关于七情,《礼记》中是指"喜怒哀惧爱恶欲"。

> 何谓人情,喜怒哀惧爱恶欲,七情勿学而能。[2]

人自出生就本能地具有所有的情,即七情。这七种情是人类可以产生的情的总称。因此,人的情虽然可以进一步地细分,但在意义上都已经包含在这七种情之中。

因此,四端只是表示部分的、特殊的情,而七情则是表示整体的、普遍的情。李滉认为七情"实是公然平立之名,非落在一边底"[3]。七情不是偏向一边的,而是公正普遍的情。当然,如果只从"喜怒哀惧爱恶欲"的字面上看,很显然其中没有包括四端的名称。所以,可以确认,七情是从意义角度上所说的人类情感的总和。

因为七情是意义角度上所讲的,而《中庸》中也经常用"喜怒哀乐"来代替,所以李滉也曾使用喜怒哀乐的四情来表示七情的意义。

> 子思之论中和,言喜怒哀乐,而不及于四端,程子之论好学,言喜怒哀惧爱恶欲,而亦不言四端。[4]

---

[1] 孟子思想被称为性善说也是因为其从根本上认为只有仁义礼智是性。
[2] 《礼记·礼运》。
[3] 《退溪全书》上,《答李平叔》,第849页。
[4] 《退溪全书》上,《答奇明彦》,第405页。

七情包含了人的所有情感，所以就其特性而言不能片面地说它是善或恶。

2. 解释与论辩的开启

李滉的"四端七情论"就是用理气来解释四端七情的理论。他在《天命新图》中提到"四端理之发，七情气之发"，在《圣学十图》中提到"四端理发而气随之，七情气发而理乘之"。那么，这是表示什么意义？李滉又是怎样解释的呢？

要理解李滉对四端七情的解释，我们首先要解决一个难题，就是李滉的解释不是一篇完整的论述文章，而是散落在他的诸多论述中，而且是在长期的论辩中，经过不断修改、更正而成的。也就是说，李滉论辩前的观点在论辩结束后，经过修改发生很多改变。因此，如果不全面了解论辩的始终，是无法理解他的解释的。所以，只有围绕《论四端七情书》① 考察李滉解释中的变化和趋势，才能如实反映其解释的内容。

李滉最初所说的"四端理之发，七情气之发"，源自其修改郑之云（秋峦）提出的"四端发于理，七情发于气"观点。② 这一修改后的解释很快成为齐大升等当时学者们的讨论话题。特别是齐大升还特意要求李滉对此做出说明。③ 不过，李滉最初一段时间对自己的解释也不是很自信，因而并没有给齐大升做出详细解释，反而重新修改了自己的解释，并提出了"四端之发纯理，故无不善。七情之

---

① 《论四端七情书》收录在《退溪先生文集》内集第16、17卷中。虽然原则上是指其中的第一、第二、第三书，但一般也包括附应部分。《高峰先生文集》中的《两先生四七理气往复书》也收录了李滉和齐大升的往来书信。

② 郑之云编写了《天命图》和《天命图说》，提出"四端发于理，七情发于气"的观点。郑之云赠书给李滉，并请其更正不当之处。

③ 《退溪全书》上，《答齐明彦》，第402页。

发兼气，故有善恶"①的说法。

  齐大升看到李滉的这个解释后提出了批评意见。也就是说，虽然第一次的解释并不合理，但是如此修改后虽然看似有些改善，却仍显不足。究其根本原因，在于四端不是脱离七情而单纯存在的。

  非七情之外，复有四端也。②

  齐大升认为，四端七情之所以有区别，只是因为"所就以言之者不同"③。即，依据针对整体的情还是部分的情，四端七情是存在区别的。七情是指情的整体（道其全者），而四端则是指情的一部分（剔拔出来者）。④ 例如，四端在表示整体的七情中，只是指"发而中节者之苗脉"⑤。因而四端不能脱离七情的范围，不应解释为是与七情不同的。

  从理气的关系上看也是一样的。李滉提出"理气之主宰也，气理之材料也"⑥，分别定义和区分了理气。⑦ 但就事物而言，理气是混沦不可分的。

  而其在事物也，则固浑沦而不可分开。⑧

---

  ① 《退溪全书》上，《答齐明彦》，第402页。
  ② 《退溪全书》上，《附齐明彦非四端七情分理气辩》，第408页。
  ③ 《退溪全书》上，《附齐明彦非四端七情分理气辩》，第408页："但子思孟子所就以言之者不同，故有四端七情之别耳。"
  ④ 《退溪全书》上，《附齐明彦非四端七情分理气辩》，第408页。
  ⑤ 《退溪全书》上，《附齐明彦非四端七情分理气辩》，第408页："然非能出于七情之外也，乃七情中发而中节者之苗脉也。"
  ⑥ 《退溪全书》上，《附齐明彦非四端七情分理气辩》，第408页。
  ⑦ 《退溪全书》上，《附齐明彦非四端七情分理气辩》，第408页："二者固有分矣。"
  ⑧ 《退溪全书》上，《附齐明彦非四端七情分理气辩》，第408页。

就情而论理气即是就事物而论理气。因此,李滉的解释不能被接受。即使是从善恶角度看,也是同样的结果。

> 其善者乃天命之本然,恶者乃气禀之过不及。①

善是理(天命)的本然或本体,恶是气(气禀)的"过不及"所导致的现象。但是,理不是离开气的理,理的本体就是让气在没有"过不及"的情况下自然表现出来。

> 理之不外于气,而气之无过不及自然发见者,乃理之本体然也。②

四端是"纯理",所以不是善的,但由于气的作为而得以没有"过不及"地发挥作用,所以它被看作是善的。而七情有善有恶,是由于理无为(弱)而气有为(强),导致气的作为时而出现"过不及"。③ 四端只是七情中的"中节者",因而四端与七情不是独立的两个意义。

> 所谓四端七情初非有二义也。④

因此,李滉对四端七情的第一次解释,包括其修改后的解释是无法被接受的,原因在于李滉将四端七情"对举互言",导致无法解

---

① 《退溪全书》上,《附奇明彦非四端七情分理气辩》,第408页。
② 《退溪全书》上,《附奇明彦非四端七情分理气辩》,第408页。
③ 《退溪全书》上,《附奇明彦非四端七情分理气辩》,第408页:"但理弱气强,理无眹而气有迹,故其流行发见之际,不能无过不及之差。此所以七情之发,或善或恶,而性之本体,或有所不能全也。"
④ 《退溪全书》上,《附奇明彦非四端七情分理气辩》,第408页。

释为纯理和兼气。①

3. 论辩第一书

李滉发现,《朱子语类》中的"四端是理之发,七情是气之发"与他最初的解释是一样的。因而,他确信自己的第一次解释是正确的,但同时他觉得郑之云的解释也是行得通的。②

同时,李滉提出了他自己解释的合理性。四端和七情都是情,但四七之所以会有不同的名称,是因为四端七情的"所指而言者"不同。用齐大升的话说就是"所就而言之者"不同。③ 四端虽然"皆善",但七情"可以为善",即"善恶不定"。④ 因此,不可能不区分四七。所以,齐大升虽然主张"所就而言之者",四端是情的一部分(剔拔出来者),但又说"四端七情为无异指",岂不是陷入自相矛盾。⑤

下面来看理气。

> 固未有无理之气,亦未有无气之理。然而所就而言不同,则亦不容无别。⑥

---

① 《退溪全书》上,《附齐明彦非四端七情分理气辩》,第408页:"然则以四端七情对举互言,而谓之纯理兼气,可乎?"
② 《退溪全书》上,《答齐明彦(论四端七情第一书)》,第407页。
③ 《退溪全书》上,《答齐明彦(论四端七情第一书)》,第405页:"四端情也,七情亦情也,均是情也,何以有四七之名耶?来喻所谓所就以言之者不同,是也。"
④ 《退溪全书》上,《答齐明彦(论四端七情第一书)》,第406页。李滉继而提出说,因为情善恶未定,所以"一有之而不能察,则心不能其正,而必发而中节然后,乃谓之和"。这一内容和"善恶未定"观点都成为齐大升论难的对象,但这段不是直接的重要内容,就此省略不述。
⑤ 《退溪全书》上,《答齐明彦(论四端七情第一书)》,第407页:"且来喻既云,子思孟子所就而言之者不同,又以四端为剔拔出来,而反以四端七情为无异指,不几于自相矛盾乎?"
⑥ 《退溪全书》上,《答齐明彦(论四端七情第一书)》,第405-406页。

李滉认为，实际的理和气绝对不能分开，但"所就而言"即从意义上来说，不可能没有区别，因此四端和七情是可以分别用理和气来解释的。

而且李滉认为，四七在"所从来（根源）"上是不同的。这是李滉解释四七的又一个依据。李滉主张，四端是"发乎仁义礼智之性"，而七情是"外物触其形，而动于中，缘境而出焉尔"。① 四七"所就而言不同"实际上是以"所从来"的不同为依据的。② 换句话说，（即使都是理气之合）四端是指存于心中的仁义礼智之性的端绪，主要侧重在理的层面；而七情是指由形气而形成的感动的苗脉，③ 主要侧重在气的层面。④

如此区分四七，最终还是类似于"本然之性、气质之性"的区分。

情之有四七之分，犹性之有本性气禀之异也。⑤

四端无须考虑气的问题，正如本然之性（不考虑与气质的关系）一样。七情只是指气，正如（气的品数相关而言的）气质之性一样。⑥ 李滉因此反问道："然则其于性也，既可以理气分言之，至于

---

① 《退溪全书》上，《答奇明彦（论四端七情第一书）》，第406页。
② 《退溪全书》上，《答奇明彦（论四端七情第一书）》，第406页。
③ 《退溪全书》上，《答奇明彦（论四端七情第一书）》，第406页。李滉认为外物刺激产生的感动不比形气更容易、更快。
④ 《退溪全书》上，《答奇明彦（论四端七情第一书）》，第406页："四端之发，孟子既谓之心，则心固理气之合也。然而所指而言者，则主于理，何也？仁义礼智之性粹然在中，而四者其端绪也。……七情之发，朱子谓本有当然之则，则非无理也。然而所指而言者，则在乎气，何也？外物之来，易感而先动者莫如形气，而七者其苗脉也。"李滉此处还补充说："安有……外感则形气，而其发为理之本体耶？"
⑤ 《退溪全书》上，《答奇明彦（论四端七情第一书）》，第406页。
⑥ 李滉借用孟子的"食色之性（耳目口鼻之性）"举例论述气质之性，认为"偏指而独言气"。《退溪全书》上，《答奇明彦（论四端七情第一书）》，第407页。

情,独不可以理气分言乎?"①

由是观之,二者虽曰"皆不外乎理气",而因其所从来,各指其所主与所重而言之,则谓之某为理,某为气,何不可之有乎?②

四端七情皆由理气构成,但以"所从来"为依据(因)而各指"所主"和"所重"的话,则不存在不能说四端"理发"、七情"气发"的理由。

李滉认为,齐大升的主张就是"喜同而恶离,乐浑全而厌剖析"。③治学态度如此"恶分务合",其弊端就是"将气合为性(理)",将"人欲(气)看作天理"。李滉反驳齐大升所说的"气之自然发见,为理之本体"观点,认为其"以理气为一物,而无所别矣"④。

4. 对第一书的反驳

齐大升主张,情因所就而言不同可以区分为四端和七情,但他所区分的四端七情不同于李滉的观点。齐大升认为四端是"孟子就理气妙合之中,专指其发于理而无不善者言之"⑤,所以和李滉的四端观点相同。但七情是兼理气有善恶,即"子思就理气妙合之中,

---

① 《退溪全书》上,《答齐明彦(论四端七情第一书)》,第406页。
② 《退溪全书》上,《答齐明彦(论四端七情第一书)》,第406页。
③ 《退溪全书》上,《答齐明彦(论四端七情第一书)》,第407页。
④ 《退溪全书》上,《答齐明彦(论四端七情第一书)》,第407页:"至于其末,则乃以气之自然发见,为理之本体然也,是遂以理气为一物,而无所别矣。"李滉还补充说:"若以为理虽如此,名言之际,眇忽有差。不若用先儒旧说为善,则请以朱子本说代之,而去吾辈之说,便为稳当矣。"
⑤ 《两先生四七理气往复书》(收录于《高峰全集》上),第9页。

而浑沦言之，则情固兼理气有善恶"①，所以不可能只表示气。② 齐大升认为，人的情只有一种（人之情一也），情根本上是由理气形成的（其所以为情者，固兼理气）。③ 情当然是指七情的意思，而四端是"七情中理也善也"。

> 四端者岂非七情中理也善也哉。④

虽然是根据所就而言不同而区分四七，但最终还是"四端七情初非二义，……推其向上根源，则信非有两个意思也"⑤，而且是"非别有一情"⑥。

齐大升反驳说，李滉观点中引用的气质之性也并不是单指气，而是既指理，也指气。因为朱熹曾说过"论天地之性，则专指理言，论气质之性，则以理与气杂而言之"，因此，说七情和气质之性"偏指独言气"的观点是不正确的。⑦

齐大升认为，李滉主张因为可以根据"所就而言"的差异区分四端七情，所以可以分别用理气来解释四端七情，但实际上并非如此。如果从天地和人、事物的角度来区分理和气是可以的，⑧ 但在性或情的角度则行不通。因为气质之性是"此理堕在气质之中耳"，情

---

① 《两先生四七理气往复书》上，第9页。
② 《两先生四七理气往复书》上，第9页："所谓七情者，果非专指气也，决矣。"
③ 《两先生四七理气往复书》上，第9页。
④ 《两先生四七理气往复书》上，第15页。
⑤ 《两先生四七理气往复书》上，第19页。
⑥ 《两先生四七理气往复书》上，第16页。
⑦ 《两先生四七理气往复书》上，第8—9页。
⑧ 针对此处引用观点的批判，本文不再做论述。

是"缘本性堕在气质然后,发而为情",即"兼理气"。①

齐大升依据"所就而言"而区分四七的观点,李滉指出这实际上是因为四七的"所从来"不同。李滉指出,虽然两人都使用"所就而言"一词,但其含义却并不相同,并进一步解释了四七的"所从来"。② 关于七情的发出,李滉的观点(外物触其形,而动于中,缘境而出焉尔)源自程颐《好学论》中的"外物触其形而动于中,其中动而七情出焉"。因此,从李滉的文字表面上看,情的发出似乎是因为"境",但如果按照原文,它实际上是因为"中"。③ 而且李滉虽然称七情是"形气感动的苗脉"④,却又说因为心中本来有理而感动于外物,而非心中无理而偶然接触外物的(偶相凑着)。因此,李滉对七情中形气感动的说明是不充分的。⑤ 齐大升同时还指出说:"若以感物而动言之,则四端亦然。赤子入井之事,感则仁之理便应,而恻隐之心于是乎形……其感物者与七情不异也。"⑥ 由此指出李滉根据"所从来"区分四七是不妥当的。

因"性为情之未发","情为性之已发",所以可以说四端是

---

① 《两先生四七理气往复书》上,第13页:"此就天地及人物上分别理与气,固不害一物之自为一物也。若就性上论,则所谓气质之性者,即此理堕在气质之中耳,非别有一性也。然则论性而曰本性,曰气禀云者,非如就天地及人物上分理气而名自为一物也,及以一性随其所在而分别言之耳,至若论其情,则缘本性堕在气质然后,发而为情,故谓之,兼理气有善恶。"

② 《两先生四七理气往复书》上,第12页:"然后所谓所就而言之不同一句,若通之以鄙说,则不妨本是一情而言之者有不同,若质之以来辩,则四端七情各有所从来,而非但言之者不同。是则虽同是一语,而后此主意各有所从来,不可不察也。"

③ 《两先生四七理气往复书》上,第16页:"然则情见乎外,虽似缘境而出,实则由中以出也。"

④ 《两先生四七理气往复书》上,第16页:"外物之来,而感而先动者,莫如形气,而七者其苗脉也。"

⑤ 《两先生四七理气往复书》上,第16页:"盖由其间实有是理,故外边所感便相契合,非中间本无是理,而外物之来,偶相凑着而感动也。然则外物之来,而感而先动者莫如形气一语,恐道七情不着也。"

⑥ 《两先生四七理气往复书》上,第16页。

"发于仁义礼智之性"，七情也是"发于仁义礼智之性"。① 如果我们像李滉一样，仅从外感于形气而非理之本体（气的发）来看，就会认为七情是性外之物的结果，而且认为"中节者"即所谓的"和"也是错误的。② 齐大升反问李滉说，圣贤的七情即孔孟的喜怒哀乐怎么会不是理之本体呢？③ 而且，齐大升对李滉所说的七情"善恶未定"也提出了异议。程子说"喜怒哀乐未发何尝不善？发而中节无往而不善"，由此可见不仅四端是善，七情也是善，只是当"不中节"时才会是恶。因此，怎么能说七情是"善恶未定"呢？④

凡是情，不管是什么情都是"既发"。既发就是"乘行"的意思。因而齐大升主张"四端亦气"⑤。由于四端之发也存在"不中节"的情况，所以四端也不能说都是"善"。⑥ 就像常人有时会为不该羞耻的事情感到羞耻，有时会分辨不该分辨是非的事情。⑦

如上，齐大升主张四端七情从本质上并无区别，但是只认可四端是"但出于理而不兼乎气"观点，因为这就是孟子所说的"所指而言"。⑧ 按照齐大升的理解，孟子的本意是在四端的现象中，揭示

---

① 《两先生四七理气往复书》上，第17页："愚谓四端固发于仁义礼智之性，而七情亦发于仁义礼智之性。不然。朱子何以曰喜怒哀乐情也，其未的则性也乎？何以曰情是性之发乎？"

② 《两先生四七理气往复书》上，第17页："而至乃谓之，外感于形气，而非理之本体，则其不可，若然者，七情是性外之物，而子思之所谓和者非也。"

③ 《两先生四七理气往复书》上，第17页。

④ 《两先生四七理气往复书》上，第17页。

⑤ 《两先生四七理气往复书》上，第16页："盖未发则专是理，既发则便乘气以行也。……四端亦气也。"

⑥ 《两先生四七理气往复书》上，第25页："四端之发，亦有不中节者。……固不可皆谓之善也。"

⑦ 《两先生四七理气往复书》上，第25页："如寻常人。或有羞恶其所不当羞恶者，亦有是非其所不当是非者，盖理在气中乘气而发见，理弱气强，管摄他不得，其流行之际，固宜有如此者，乌可以为情无有不善，又乌可以为四端无不善ビ？"

⑧ 《两先生四七理气往复书》上，第25页："夫以四端之情为发于理而无不善者，本因孟子所指而言之者也。"

天命之性是善的本然之体。① 即，孟子本人将四端视为善的本性，所以依据孟子的本意，只认可李滉对四端做出的解释。

齐大升主张，理之本体是指"发而中节者"，即"气的自然发现"。② 李滉反对这个观点，认为应"视理气为一物，没有区分"，但齐大升却坚持说不能不承认这个观点。

齐大升的理由是，朱子曾说理无气则无所附着。③ 理不能被感知，所以只有通过体验事物才能知晓。对事物的经验即事物的"象"，在气结聚之流行处获得。④ 因此，气的作用没有过不及，即就情而言，"发而中节者"只能是理之本体。李滉所说的（孟子的）四端归根结底是七情中的"发而中节者"，因此，从本质上看，四端与七情无非是"同实异名"而已。⑤

如上所述，齐大升认为，李滉的解释让人觉得似乎有两种情，或者即使没有，也会让人认为情有两种善，即"发于理的善"和"发于气的善"。⑥ 从泛论的角度看，李滉的解释可以说是行得通的，但若是以图形来解释的话（用图解也是不得已为之），又不免多此一

---

① 《两先生四七理气往复书》上，第9页："其发而中节者，乃天命之性本然之体，而与孟子所谓四端者……"
② 《两先生四七理气往复书》上，第20页。
③ 《两先生四七理气往复书》上，第20页："朱子曰……若气不结聚时，理亦无所附着。"
④ 《两先生四七理气往复书》上，第20页："盖理无朕而气有迹，则理之本体漠然无形，象之可见不过于气之流行处验得也。"
⑤ 《两先生四七理气往复书》上，第9页："然而所谓七情者，虽若涉乎气者，而理亦自在其中。其发而中节者乃天命之体，而与孟子所谓四端者同实而异名者也。"《两先生四七理气往复书》上，第20页："四端既与七情中发而中节者，同实而异名。"
⑥ 《两先生四七理气往复书》上，第10页："无鄙意亦以为未安者，盖以四端七情对举互言而，揭之于图，或谓之无不善，或谓之有不善，则人之见之也，疑若有两情，此虽不疑于两情，而亦疑其情中有二善。一发于理，一发于气者，为未当也。"

举，很容易导致误解。①

5. 论辩第二书

针对齐大升的观点，李滉反问道："可就是可，不可就是不可，怎么会说解释（泛论）也行得通，而只是图解不可以呢？"而且李滉在做图解的时候，为了把四七放在同一区域，在简要表示其表里关系后，还在旁边进行了分注，所以齐大升说图解行不通是不成立的。②

然而，此后李滉依据齐大升的反驳，又重新审视了自己的理论，承认并修改了几处错误。首先，他承认"气的自然发现是理之本体"的观点，并接受七情及气质之性"不专是气，非偏指而独言气"的说法。另外，将七情"善恶未定"修改为"本善而易行于恶"，并同意"然则情见乎外，虽似缘境而出，实则由中以出也"的说法。此外，还取消并删除了自己对四七解释的"因其所从来各指其所主与所重而言之"中的"所重"。③ 但是，李滉认为其他地方无须修改，因此对齐大升的反对意见仍坚持自己的主张，并逐一论证。

李滉认为，如果从相互对比来看，"七情之于气，犹四端之于理"。即四端与七情各自用理气来区别，二者各具有不同的含义。

> 若二者对举，而推其向上根源，则实有理气之分。安得谓非有异义耶？④

---

① 《两先生四七理气往复书》上，第10页："盖泛论四端七情而曰，四者发于理，七者发于气，固无不可矣。今乃着之于图，而以四端置理圈中，而谓之发于理，而七情置气圈中，而谓之发于气，虽写成图本势不得不然，而位置之际，似不免不离折太甚。若后学见之，指其已定之形而分理与气二者，别而论之，则其为误人不亦既甚矣乎？"
② 《退溪全书》上，《答奇明彦（论四端七情第二书）》，第418页。
③ 《退溪全书》上，《答奇明彦（论四端七情第二书）》，第411－414页。
④ 《退溪全书》上，《答奇明彦（论四端七情第二书）》，第417－418页。

针对这一观点他又如是解释道：

> 就同中而知其有异，则二者所就而言，本自有主理主气之不同。分属何不可之有？①

四端七情虽然都是"兼具理气的情"，② 具有相同点（同），但同时又具有不同点（异）。其不同点就是"异义"，也是所就而言不同。而所就而言不同只能表现为"主理主气的分属"。

关于四端乘气而发的观点，虽然齐大升说"四端亦气"，但正如齐大升自己所指出的那样，这与孟子的本意背道而驰。因为，孟子的本意是"不在气乘处，只在纯理发处"③。

> 孟子之意，但指其粹然从仁义礼智上发出底说来，以见性本善故情亦善之意而已。④

孟子的本意是说四端从仁义礼智之性上而发，性本善，固情也善，所以从这一角度来看，不能说"四端亦气"或"四端亦不中节"。⑤

另一方面，关于七情是什么情况呢？首先，按照齐大升的主张，称七情的"发而中节"为"理之本体"。孔孟等先贤的七情"发而

---

① 《退溪全书》上，《答奇明彦（论四端七情第二书）》，第416页。
② 《退溪全书》上，《答奇明彦（论四端七情第二书）》，第416页："夫四端非无气，七情非无理。"
③ 《退溪全书》上，《答奇明彦（论四端七情第二书）》，第417页："四端虽云乘气，然孟子所指，不在乘气处，只在纯理发处。""滉谓四端之发，固曰非无气，然孟子之所指，实不在发于气处，若曰兼指气，则已非复四端之谓矣。"
④ 《退溪全书》上，《答奇明彦（论四端七情第二书）》，第417页。
⑤ 《退溪全书》上，《答奇明彦（论四端七情第二书）》，第417页："四端亦有不中节之论，虽甚新，然亦非孟子旨也。"

中节"，即气之"顺理"而发，毫无障碍，所以说理之本体是"浑全"的。① 然而，普通人的七情并非如此。普通人的情，既有中节的时候，也有不中节的时候。因此，气的作为是不固定的，因而理之本体也不能纯全。理之本体不能纯全意味着只能认可气的特性，因此只能说"七情气之发"。② 所以李滉认为齐大升担心七情是否会被看作与形气、性、情无关是毫无必要的。③

在此之前，齐大升曾引用朱熹的性论反驳了李滉对四七理气分属的解释。即，天地之性指理，所以"仅用理来解释四端"是可以理解的；但气质之性是指理气兼具，所以"仅用气发来解释七情"是不能认可的。但是，李滉反问道："天地之性专指理，不知此时是否只有理而没有气呢？"李滉主张，天地之性虽然也有气，但专指理。因为天地之性如此，所以气质之性也可以只用理气中的气来解释。④ 但此举并不意味着忽略理气中的某一个，而是以其中一个为主而言。⑤

齐大升认为，就天地、人、物而言，区分理气是可以的，但就性情而言则不能分开说理气。但李滉却主张，从天地、人、物上看，尽管不是理在气外，但是仍可以区分理气。就性情而言，虽然说理

---

① 《退溪全书》上，《答奇明彦（论四端七情第二书）》，第419页："孟子之喜，舜之怒，孔子之哀与乐，气之顺理而发，无一毫有碍，故理之本体浑全。"
② 《退溪全书》上，《答奇明彦（论四端七情第二书）》，第419页："常人之见亲而喜，临丧而哀，亦是气顺理之发，但因其气不能齐，故理之本体亦不能纯全。以此论之，虽以七情为气之发，亦何害于理之本体耶？"
③ 《退溪全书》上，《答奇明彦（论四端七情第二书）》，第419页："又焉有形气性情不相干之患乎？"
④ 《退溪全书》上，《答奇明彦（论四端七情第二书）》，第416页："天地之性，固专指理，不知此际，只有理还无气乎？天下未有无气之理，则非只有理。然犹可以专指理言，则气质之性，虽杂理气，宁不可指气而言之乎？"
⑤ 《退溪全书》上，《答奇明彦（论四端七情第二书）》，第416页："一则理为主，故就理言，一则气为主，故就气言耳。"

在气中，性在气质，怎么不可以分别说理气呢？① 所以，用"理发""气发"这种分属方式的解释是行得通的。

李滉还曾如是解释道：

> 就同中，而知实有理发气发之分，是以异名之耳。若本无所异，则安有异名乎？故虽不可谓七情之外复有四端，若遂以为非有异义，则恐不可也。②

如上，李滉反驳说，虽然七情之外没有四端，但是理发、气发在内容上是不同的，所以四七不是"同实异名"。③ 因此，"情原本没有两个意思"或"七情亦由仁义礼智所发"的主张，以及"（李滉的解释）让人怀疑有两种情或两种善"的评论、"性的定义是引用朱子所说的不可与气质分离"等，都是因为忽略了两者之间的"所异"，而只是就"所同"而言。④

下面，李滉就四七的发之所从来进行辨证。

> 其发各有血脉，其名皆有所指。⑤
> 虽同是情，而不无所从来之异，故昔之言之者有不同矣。若所从来本无异，则言之者何取而有不同耶？⑥

---

① 《退溪全书》上，《答奇明彦（论四端七情第二书）》，第416页："滉谓就天地人物上看，亦非理在气外。犹可以分别言之，则于性于情，虽曰理在气中，性在气质，岂不可分别言之？"
② 《退溪全书》上，《答奇明彦（论四端七情第二书）》，第418页。
③ 《退溪全书》上，《答奇明彦（论四端七情第二书）》，第418页。
④ 《退溪全书》上，《答奇明彦（论四端七情第二书）》，第417－419页。
⑤ 《退溪全书》上，《答奇明彦（论四端七情第二书）》，第417页。
⑥ 《退溪全书》上，《答奇明彦（论四端七情第二书）》，第419页。

如引文所述，李滉认为四七的所从来（血脉）也是不同的，仍然坚持四七表示的意思不同是因为其所从来不同的观点。但是，李滉在解释所从来的不同问题上，还是接受了齐大升的反驳，因而修正了自己的观点。

> 虽滉亦非谓，七情不干于理，外物偶相凑着而感动也，且四端感物而动，固不异于七情。但四则理发而气随之，七则气发而理乘之耳。①

七情不是与理无关的感动，四端也是受外物所感而动。理是在与性相关联之下而发，还是依据与外物接触而感动，在四七相互之间并没有区别。在这一点上，李滉同意齐大升的观点。但是，李滉主张四端是理发而气随之，七情是气发而理乘之。这就是"所从来"的不同之处。

李滉继续对此进行解释：

> 大抵有理发而气随之者，则可主理而言耳，非谓理外于气，四端是也。有气发而理乘之者，则可主气而言耳，非谓气外于理，七情是也。②

"理发而气随"只是以理为主而言，不是离开气说理；"气发而理乘"也只是以气为主而言，不是离开理说气。李滉以古人的"人乘马"比喻为例，进一步解释了这一观点。

---

① 《退溪全书》上，《答齐明彦（论四端七情第二书）》，第417页。
② 《退溪全书》上，《答齐明彦（论四端七情第二书）》，第419页。

> 盖人非马不出入，马非人失轨途。人马相须不相离。人有指说此者，或泛指而言其行，则人马皆在其中，四七浑沦而言者，是也。或指言人行，则不须并言马，而马行在其中，四端是也。或指言马行，则不须并言人，而人行在其中，七情是也。①

当人骑马时，说"行"，其表达意思中包括人和马。这相当于四端七情浑沦的情况。当我们人行时，即使不说马行，其表达意思中也包含马行走的意思。这相当于四端的情况。如果只说马走，即使不说人走，其表达中也包含人走的意思。这相当于七情的情况。

李滉全面总结了可以作为解释四端七情的理发气发的依据。

> 盖人之一身，理与气合而生。故二者互有发用，而其发又相须也。互发则各有所主可知，相须则互在其中可知。互在其中，故浑沦言之者固有之，各有所主，故分别言之而无不可。②

理与气具有"互有发用"的一面，但发又具有"相须"的关系。因为是"互发"，可知各有所主；因为是"相须"，可知互在其中。理气互在其中，称之为浑沦；各有所主，又可以分别论说。

6. 对第二书的反驳

齐大升这样解释自己对李滉解释的评论：

---

① 《退溪全书》上，《答奇明彦（论四端七情第二书）》，第417—418页。
② 《退溪全书》上，《答奇明彦（论四端七情第二书）》，第416页。

> 大升谓泛论则无不可者，以其因说者而言之也。着图则有未安者，以其对说者而言之也。①

如引文所述，齐大升说自己说从泛论上看都可以，是说从"因说"的形式而言是可以的，而说从图解上看还存在不足，是说从"对说"的形式而言是不正确的。② 按照齐大升的看法，朱熹的四七理论（四端是理之发，七情是气之发）不是对说而言，而是因说而言。③ 如果李滉的解释是以对说形式而言的，自然是不合理的。因为即使是朱熹的理论，如果说是以对说形式而言的，那也是错误的（未免错认之病）。④

齐大升对四七解释的想法和之前一样。⑤ 齐大升认为，李滉提出的四七各有理发、气发，让人感觉就像四端占据了七情的理的一面，善恶好像只从气发一样。尤其是在图解的情况下更是如此。⑥

关于李滉对情的发出之所从来的解释，齐大升仍然不能接受。齐大升虽然承认四端七情在感物而动这一点上都相同，但在修订第二书稿的正文中仍然写道，只有七情"外物之来，易感而先动者，莫如形气"或"外感则形气"。⑦ 此外，齐大升指出，虽然李滉不承认"四端不中节"的说法，但其实这个说法不是他自己首次提出的，

---

① 《两先生四七理气往复书》下，第11页。
② 按照齐大升的说法，"对说"就像左右一样，是相对而言的方式（对待底）。"因说"就像上下一样，是相互关联的（因仍底）。《两先生四七理气往复书》下，第8页："盖对说者，如说左右，便是对待底。因说者如说上下，便是因仍底。"
③ 《两先生四七理气往复书》下，第8页："大升以为，朱子谓'四端是理之发，七情是气之发'，非对说也，乃因说也。"
④ 《两先生四七理气往复书》下，第11页："若必以对说者而言之，则虽朱夫子本说，恐未免错认之病。"
⑤ 《两先生四七理气往复书》下，第6页："虽然可以说四端是理之发，但不能说七情是气之发。七情是兼具理气的浑沦的情。"
⑥ 《两先生四七理气往复书》下，第5页。
⑦ 《两先生四七理气往复书》下，第4页。

而是出自《朱子语类》。出自《朱子语类》则表示是在孟子的理论基础上提出的，所以明确可见孟子的不足之处。① 总之，四端不中节者就像月光照映在水面上时，月光（其明者）不能不受到波浪涌动的影响一样。②

关于李滉主张四端是善的，齐大升反问说，"四端之善"和"发而中节者"之善，是不同的吗？"发而中节者"到底是理发还是气发？③ 齐大升认为，"气依理而发，毫无阻碍瞬间实现"就是"理发"。④ 简而言之，不管李滉认为四端是善的这一点是"理发"还是"发于理"，但善只能是"发于中节者"。由此看来，齐大升认为自己的理论没有错，四端和七情只能是"同实异名"。他认为，同实异名的理论同样适用于"性"，"本然（天地）之性"和"气质之性"都是性，就像天上的月亮和水面上的月亮都是月亮一样。⑤

李滉的"互有发用说"主张根据理气的所主，可有分属，但齐大升指出这是"受病之原"。如果说"互有发用"，理也能成为有为的（有情意、有计度、有造作），这一理论就好像理气分别占据在一个心中，相互前后交替作用一样。⑥

齐大升对李滉修正后的观点"四则理发而气随之，七则气发而理乘之"，仍表示不满意。他仍然认为，虽然七情兼具理气，但四端

---

① 《两先生四七理气往复书》下，第16页。
② 《两先生四七理气往复书》下，第8页："而况所四端七情者，乃理堕气质以后事，恰似水中之月光，而其光也，七情则有明有暗，四端则特其明者，而七情之有明有暗者，固因气之清浊，而四端之不中节者，则光虽明而未免有波浪之动者也。"
③ 《两先生四七理气往复书》下，第9页。
④ 《两先生四七理气往复书》下，第10页。
⑤ 《两先生四七理气往复书》下，第7页。
⑥ 《两先生四七理气往复书》下，第22页："今日，互有发用，而其发又相须，则理却是有情意有计度有造作矣。又似理气二者，如两人然，分据一心之内，迭出用事而互为首从也。"

只有理发的一面。① 所以，他索性问道，是否可以这样表述，"情之发也，或理动而气俱，或气感而理乘"②，还修改了图解并发给李滉。

7. 论辩第三书及其他

李滉如是回答了齐大升的提问。

七情（发而中节者）的善"虽发于气而理乘之为主，故其善同也"③ 的观点是正确的。然而，这并不意味着四七没有主理和主气之分。已经说过，因为四七就浑沦而言时，是不可能分开解释的，但对举而言（分别言）却是可以的。④ 从齐大升以月落万川为例解释说明四七的区分来看，天上的月亮和映在水中的月亮虽然是同一个月亮，但不仅有相同点，而且还有不同点。"天上水中，虽同是一月，然天上真影而水中特光影耳。"⑤ 齐大升的比喻用来解释性还比较合理，但就情而言则完全不合适，⑥ 因为，映在水中的月亮的明暗不仅取决于天上月亮的条件，也取决于水的条件，⑦ 因此，不可能是同实异名。⑧

而且，李滉再次拒绝了齐大升的"气顺理而发，为理之发"观

---

① 《两先生四七理气往复书》下，第10页："然鄙意以为，此二个意思，七情则兼有，而四端则只有理发一边尔。"
② 《两先生四七理气往复书》下，第10页。
③ 《退溪全书》上，《答齐明彦（论四端七情第二书）》，第430页。
④ 《退溪全书》上，《答齐明彦（论四端七情第二书）》，第429页："既曰，浑沦言之，安有主理主气之分，由对举分别言时，有此分耳。"
⑤ 《退溪全书》上，《答齐明彦（论四端七情第二书）》，第429页。
⑥ 《退溪全书》上，《答齐明彦（论四端七情第二书）》，第429页。
⑦ 《退溪全书》上，《答齐明彦（论四端七情第二书）》，第429页："盖月之在水，水静则月亦静，水动则月亦动，其于动也，安流清漾，光景映彻者，水月之动固无碍也。其或水就下而奔流，及为风簸而荡，石激而跃，则月为之破碎闪飐，凌乱灭没，而甚则遂至于无月矣。夫如是，岂可曰水中之月有明有暗，皆月之所为，而非水之所得与乎？"
⑧ 《退溪全书》上，《答齐明彦（论四端七情第二书）》，第429页。

点。因为这也是认气为理的观点。① 至此，李滉不再修改自己第二书的解释内容。

齐大升收到李滉的回信后，编写了《四端七情后说》和《四端七情总论》，收录两人迄今为止的辩论内容，并做了总结归纳。他指出了自己和李滉二人在哪些方面的观点都是妥当的，既坚持了自己的观点，又承认了李滉的观点。

首先，齐大升坚持自己的观点，也就是李滉反对的"气顺理而发，为理之发"。齐大升认为李滉所说的"孔孟之七情（喜怒哀乐）是气之顺理而发，无一毫有碍"和"四七各有所从来"等观点都是不合适的。② 因为七情中"发而中节者"是本然（天命）之性和本然之体，所以不能说"七情是气之发而异于四端"。③ 发而中节者为"和"，而和就是"达道"，如果说气之顺理而发即中节者是气之发，则"达道"也可说是气之发。④ 无论如何，理发就是气顺理而发。因此，七情之发而中节者和四端肯定是同实异名。⑤

但正如前文所述，孟子所说的四端就是从兼具理气善恶的情中"剔出其发于理而无不善者"而言的。孟子阐明性善之理就是通过四端而言的。⑥ 因而，齐大升遵从孟子思想的本意，认可了李滉对四端的解释。

---

① 《退溪全书》上，《答奇明彦（论四端七情第二书）》，第429页。
② 《退溪全书》上，《答奇明彦（论四端七情第二书）》，第441页："来书谓孟子之喜，舜之怒，孔子之哀与乐，是气之顺理而发，无一毫有碍，及各有所从来等语，皆觉未安。"
③ 《退溪全书》上，《答奇明彦（论四端七情第二书）》，第441页："盖七情……其发而中节者，乃天命之性本然之体，则岂可谓是气之发而异于四端耶？"
④ 《退溪全书》上，《答奇明彦（论四端七情第二书）》，第441页："夫发皆中节谓之和，而和即所谓达道也。如果如来说，则达道亦可谓是气之发乎？"
⑤ 《退溪全书》上，《答奇明彦（论四端七情第二书）》，第441页："然则鄙说谓七情之发而中节者与四端，同实而异名云者，疑亦未害于理也。"
⑥ 《退溪全书》上，《答奇明彦（论四端七情第二书）》，第441页："若孟子之所谓四端者，则就情之兼理气有善恶上，剔出其发于理而无不善者言之也。盖孟子发明性善之理，而以四端为言，则其发于理而无不善者，又可知也。"

另一方面，由于七情兼具理气善恶，其所发不仅是气，而且与气质混杂在一起。因此，被称为"气之发"。正因如此，七情与气质之性是相同的。① 不仅如此，七情虽兼理气，但因"理弱气强"，理不能管摄气，因此容易带来恶果，所以称之为"气之发"。② 因而，齐大升从"七情易流于恶"这一点上，接受了李滉对七情的解释。

李滉对齐大升编写的《后说》和《总论》的内容感到满意，评价说《后说》和《总论》体现了先人所说的"始参差而异序，卒烂熳而同归"③。同时，他也认可了他曾一直反对的齐大升的观点，如"气顺理而发"即圣贤的喜怒哀乐是理发、四七没有根本区别、所从来也没有不同等，表现出接受的态度。

> 所论鄙说中，圣贤之喜怒哀乐，及各有所从来等说，果似有未安。④

至此，两人的论辩结束。

在结束与齐大升的论辩后，李滉对四七的解释由第一书中的"四端理之发，七情气之发"修改为第二书中的"四端理发而气随之，七情气发而理乘之"。直至去世，他都以此作为自己的最终解释。⑤ 这就是李滉的"修订解释"。李滉认为，齐大升的最终承认就

---

① 《退溪全书》上，《答奇明彦（论四端七情第二书）》，第442页："七情兼理气有善恶，则其所发虽不专是气，而亦不无气质之杂。故谓是气之发，此正如气质之性之说也。"

② 《退溪全书》上，《答奇明彦（论四端七情第二书）》，第442页："七情虽兼理气，而理弱气强，管摄他不得，而易流于恶，故谓之气之发也。"

③ 《退溪全书》上，《重答奇明彦》，第439页。

④ 《退溪全书》上，《答奇明彦》，第439页。

⑤ 李滉在给齐大升发去自己对总论、后说的回复书信后，在当年（丙寅）与李宏仲的书论中提到这一方式就是自己的解释方式（《退溪全书》，第817页）。此后，在《圣学十图》中也提出说这就是自己的解释方式，直至去世都没有再改变过。

是对这一"修订解释"的承认。那么,齐大升的承认真的是对修订解释的承认吗?李滉的这一解释方式是否妥当呢?①

四、解释的立场及其意义

1. 修订解释形式及未解决的问题

现在让我们来看这场论辩。结论是四端七情是有所区分的,因为无论是李滉还是齐大升,都认为四端七情在"所就而言者"上存在不同。原本"所就而言者不同"是指四七各自所处的立场不同。所谓立场既指"所指",也指"所从来"。也就是说,因为所就而言者不同本身就代表四端七情的"所指"和"所从来"不同。李滉对四七的定义是"其发各有血脉,其名皆有所指","各有血脉"是从所从来的角度而言,"皆有所指"是从所指的角度而言。当然,其虽然也表述为"因其所从来,各指其所主而言之",但根本上属于从所从来的角度(以所从来不同为前提)而言。因此,首先应该从所指和所从来两个角度来考察李滉对四端七情的解释。

从所指和所从来的角度来看(《后说》和《总论》中的)齐大升的观点,就所指而言,四端和七情虽然可以说分别是理之发、气之发;但就所从来而言,则不能这样说。齐大升承认李滉第一书中的原本解释,但只是接受了就所指而言的观点。他始终一再反驳就所从来角度的观点。因此,李滉在给《后说》和《总论》的答复书中,删除了"所从来"的观点。

然而,李滉认为得到了齐大升的承认而做出的最终解释即"四端理发而气随之,七情气发而理乘之"观点,实际上是李滉就所从来而言的主张。尽管在论证所从来之不同方面未能成功,但李滉仍

---

① 《退溪全书》上,《答李公浩问目》,第889页。

坚持将主张就所从来之不同的观点作为最终解释。因此，如果这个修订解释形式仍是原本第二书中提出的表示所从来之不同，那么齐大升自然会再次否定这个解释。李滉解释的问题仍然存在。那么，李滉为什么认为齐大升承认这个观点了呢？

2. 所指的角度与解释的妥当性

关于修订解释，李滉曾附言说道：

> 有理发而气随之者，则可主理而言耳，非谓理外于气。……有气发而理乘之者，则可主气而言耳，非谓气外于理。①

四端和七情都只是各自以理或气"所主"而言，而不是说理外于气或气外于理。那么，"所主"是指什么呢？他是通过"人乘马行说"来比喻说明的。即使只提到人（理），不提到马（气），其中也包括马（气）；即使只提到马（气），不提到人（理），其中也包含人（理）。因此，从所主的方法来看，"气随之"或"理乘之"实际上是不必要的表述。最终，李滉的这一解释清楚地表明，修订解释从意义上与"四端理之发，七情气之发"的第二种形式是相同的。基于这一解释，修订解释是从"所指"的角度而言，而不是从"所从来"的角度而言的。李滉在写修订解释时，认为得到齐大升的认可就是从"所指"的角度而言，因为它与第一种形式相同。那么，这个解释从所指的角度来看真的妥当吗？

首先，要了解李滉四端七情理论的内容及性质，下面归纳一下李滉的所有解释。

---

① 《退溪全书》上，《答奇明彦（论四端七情第二书）》，第419页。

李滉认为，四端七情就所指而言各有理气，是因为四端"纯善"而七情"善恶未定"或"本善而易流于恶"。从孟子的本意来看，四端"纯善"，而七情从作为常人的情的现象来看则"本善而易流于恶"。这种善恶的特性就是李滉思考四七的标准（赋予四七意义的标准）。也就是说，"纯善"和"本善而易流于恶"正是李滉所说的四七的意义内容。尤其是李滉主张的"非四端亦气"表示绝对"不能成为恶"。四端的"完全善"是绝对的。由此可见，四端是抽象的情。反之，七情不是指完全人即圣人的情，只是指常人的情，因而是具象的情。

所以，按照李滉的观点，四端和七情具有不同的意义、不同的特性，四七是独立的；因其是独立的，所以必须有区别。李滉除了使用"分别"一词外，还使用"对举"一词来表示，① 对举是以假设了对立的两个事物为前提的。因此，李滉主张的四七从一开始就是以二分为前提的。既然四端七情从一开始就被设定为二分的，那么李滉将它们解释为各自不同的立场就没有任何错误。如果说有错误，就是解释四七不同的用语，即理和气的意义是否符合四七的意义。

李滉主张，理气从"所就而言不同"的角度看是有区分的，因此可以分别用理和气来解释四七。实际上，李滉所说的理气的意义是不相同的。前者是指事物的法则或本质，后者是指事物的质料。而且，它们的特性也不相同。前者是抽象的、普遍的所谓"形而上"的，后者是具体的、特殊的所谓"形而下"的。从善恶的特性来看，前者是善，后者则亦善亦恶。这与李滉所说的四端七情的特性是一致的。因此，从其特性的不同点上，也可以区分理气，进而将它们分属四端、七情进行解释。李滉对四七的区分从他提出的"七情之

---

① 第一次使用"对举"一词是从齐大升评价李滉的解释形式开始的。

于气,犹四端之于理"观点中可以确认(同样体现在本然之性、气质之性的区分上)。

但即便如此,为什么必须用"发"一词来解释呢?情原本是由理和气构成的,是指"体"的层面。而实际体现出来的(作为事实)情是指"用"的层面。就心而言的这种体用关系,惯例是用"发"一词来表示。例如,"性发为情""情性所发"等。因此,可以说"理之发"和"气之发"中的"发"也是同样的用法。体和用可以看作是代表两个层次的逻辑因果关系的符号。论体用的逻辑关系,不是论实际行为。它只是指含义相同、不同或相似的关系。因此,从所指的角度来看,"发"一词是可以接受的。

这样一来,李滉的解释从所指的角度上,可以看作是妥当的。所指,也就是意义,原本就具有可以任意定义的性质。意义取决于定义。而且,因为四七和理气的设定意义是相同的,因而说它们表达相同的意义,是不会有异议的。齐大升之所以同意四端、七情各有理之发、气之发,就是因为理解了李滉意义规定的内容(意义上的相同、不同或类似关系)。

那么,齐大升为什么最初主张"所就言不同",却坚持说四端七情没有两种含义呢?他把四端、七情称为分别是从情中的"剔拔出来者"和"道其全者",如此定义下的四端七情的意义标准不是依据善恶的特性,而是依据整体或部分的大小。也就是说,李滉以四端七情的内在为标准,而齐大升则以外延为标准。因此,仅从所指的角度来看,齐大升只能说"七情之外再无四端"或"非二义"。由于意义上的标准不同,齐大升所提出的四端七情必定与李滉的观点不同,争论是必然的。可见,意义标准的差异才是两人都主张"所就言不同",但又各自主张四端七情同名异义的一个原因。

那么,如果从所从来的角度来看修订解释,如何说明其妥当性呢?

3. 所从来的角度及解释的妥当性

李滉在《后说》《总论》的回复中取消自己关于所从来之不同的内容。也许有质疑说他并没有从所从来的角度上进行过解释，但是，如果关注以下几点，就绝对不会有这样的想法。

第一，李滉的修订解释原本是李滉同意齐大升"受外物感动，四端七情无不同"的观点，表示二者的所从来不同的意思。也就是说，这个陈述本身是表示所从来之不同的意思。

第二，关于李滉取消关于所从来的内容，实际上并不是完全的取消。李滉始终说"好像还是不太恰当（果似有未安）"。李滉这句话的意思是，只要有充分的证据就可以重新提出这个观点。

第三，李滉以修订解释为依据提出的理论就是"互有发用说"即"互发说"。互发说受到齐大升的反驳而没能重新论述，便以"果似有未安"的方式暂时取消了论述，但实际上似乎李滉并没有完全取消该观点。李滉不仅没有取消，甚至觉得他是在强调这一点。李滉晚年时主张说，不仅是气能发，理也能发。关于理，李滉说道："盖无情意云云，本然之体，能发能生，至妙之用也。"① 因此，李滉也被称作互发论者。

如此看来，李滉的修订解释不是仅从所指的角度提出的观点。因此，要探究李滉修订解释的妥当性，也必须以互发说为中心从所从来的角度进行考察。

李滉的互有发用说（互发说）观点如下：

> 盖人之一身，理与气合而生。故二者互有发用，而其发又相须也。互发则各有所主可知，相须则互在其中可知。

---

① 《退溪全书》上，《答李公浩问目》，第889页。

互在其中，故浑沦言之者固有之，各有所主，故分别言之而无不可。①

理和气"互有发用（互发）"，则各有所主，所以可以按照所主加以区分；理气"相须"，则互在其中，不可分开，浑沦一体。那么，"发用（或发）"中哪一个是理气的事实性（或现象性）的发用呢？也就是说，哪一个不是意义上的发用，而是实际的发用，表示所从来呢？它不是"互发"时的"发"，而是指说"其发又相须"时的"发"，相须则"互在其中"的发。这就是"不可分开"状态下的发。因此，"互发说"并不能证明四端七情之所从来的不同。

当然，可以假定"互发"的发是实际的发用。事实上，李滉晚年主张的理之用即"理之能发"似乎也是这一观点的延伸。但是，如果说理在实际上能发，那就是具有作为能力，不再是区别、对照气的理。而这从根本上否定了自己设定的理气二分的前提，因而自相矛盾。理在气之外本身与"理气不可分开"的前提相矛盾。齐大升评价李滉的"互发说"是"理却是有情意有计度有造作……于此有差，无所不差矣"，② 指出了这个矛盾点。而且，主张理能发的李滉认为理的"无作为"和"能发"分别是理的"体"和"用"，但后来却提出"理的体用一源"③，自己也承认了这一矛盾。④ 有鉴于此，理气实际上互发的观点是不妥当的。因此，后来的互发说也无法证明四端七情之所从来的不同。

除了互发说，还可以对李滉的所从来不同观点做出另一个假设。

---

① 《退溪全书》上，《答奇明彦（论四端七情第二书）》，第416页。
② 《高峰集》别集，附录卷二。
③ 《退溪全书》上，《心无体用辩》，第918页。
④ 尹丝淳《退溪的太极生两仪观》（《亚细亚研究》35号）一文对此进行了详细的论述。

即，假设李滉所说的"所从来"一词不是指经验和事实，而是指逻辑上的所从来（当然，从"感物而动"这一观点来看，确实表示经验和事实的所从来）。因为，李滉的"所从来"观点支撑"所指"观点，而且李滉自己并没有严格区分这两个观点，所以他可能已经隐约从所指的观点想到了所从来。然而，齐大升已经给出了这个假设的答案。齐大升说，既然称"性发为情"或"情性所发"，就不能说情只是气之发。如果确实是"情性所发"（李滉也承认这一观点），那么情的逻辑上的所从来就是性（理）。因此，情（七情）虽然可以说是性之发，但不能说只是气之发。所以，不能说四端七情的所从来各不相同。

　　总而言之，如果要维持本来的理气二分法，因为善的四端意味着"发而中节者"，所以所从来就是齐大升所说的"气顺理而发"。理的实际的所从来本身也是气的"自然发现"。因此，四端从所从来的角度，也不能说是理之发。最终，李滉的解释不仅是修订解释，包括第一次的解释在所从来的角度都是不妥当的。如此看来，李滉是不能接受自己的解释被说成是"因其所从来，各指其所主而言之"的。李滉不仅从"所指"的角度提出自己的解释，而且还试图从"所从来"的角度提出自己的解释，这本身不能不说是牵强的。尤其是李滉最终还试图依据互发说提出理自发的主张，这一点可以说是李滉解释中存在的牵强之处，也是它的特色。

　　那么，李滉为什么会试图做出这样牵强的解释呢？

4. 对解释的再次解释

　　首先，明确一下李滉为什么把修订解释作为最终解释。李滉将修订解释作为最终解释，是因为李滉认为与第一解释相比修订解释的优点更多。那么，这些优点又是指哪些呢？

　　修订解释中主要论述了所指即从意义上讲的理气，即"理发而气随之"和"气发而理乘之",其中的"理发"和"气发"相当于第一次解释中的"理之发"和"气之发"。因而,修订解释相比第一次解释更详细论述的是"气随之"和"理乘之"。但是,"气随之"和"理乘之"是说明"与理发互在、相须的气"和"与气发互在、相须的理"的作为状态的。因此,在"理发""气发"后面加上"气随之""理乘之"就是体现出"理之发""气之发"的表述方式不能体现的理气"互在、相须"的作为状态。从所指的角度上是"分而言之",由此也达到了齐大升主张的"理气不相离"即所谓"浑沦而言"的效果。李滉认为修订解释是"可主理而言耳,非谓理外于气。……可主气而言耳,非谓气外于理"①,就是为了证明可以达到这两种效果而进行的解释。可以说,这就是修订解释优于第一次解释的优点。修订解释之所以成为李滉的最终解释,大概就是因为这些优点。

当然,考虑理气作为的表现方面就是考虑情的现实的所从来。因此,修订解释要想获得"分而言之""浑沦言之"的效果,无非是想同时体现出既可以从所指的角度解释,也可以从所从来的角度解释的意图。

如此看来,李滉的修订解释可以重新解释为,四端可以理发,但这并不意味着此时没有气,气的作为是顺理(随之)。七情可以气发,但这不意味只有气发,此时也有理乘之。

然而,虽然可以这样意译,但修订解释本身(作为一个句子的叙述)并不矛盾。意译后的句子成为表示两种意思的两个句子(分而言,合而言),而修订解释本来只是一个句子。李滉的修订解释就是希望通过一句话同时体现两个角度的意思。既然要同时满足两个角度的要求,就无法避免矛盾。因为从所指的角度上,要求分论理

---

① 《退溪全书》上,《答奇明彦(论四端七情第二书)》,第419页。

气；而从所从来的角度上，却要求合论理气（尤其是以理无为为前提时）。也就是说，这两种角度是以相互矛盾的要求为前提的。李滉提出"理能发"这一牵强的观点，也可以说是因为这一矛盾问题本身而采取的权宜之计。

如果说提出"理能发"观点的原因确实是为了把两个角度的要求当作一个问题，那么为什么李滉要把两个角度的要求看成一个问题呢？

5. 解释的前提

李滉在《论四端七情第一书》中如是说道：

> 大抵义理之学……勿先以一说为主，虚心平气，徐观其义趣，就同中而知其有异，就异中而见其有同。分而为二，而不害其未尝离，合而为一，而实归于不相杂，乃为周悉而无偏也。①

凡是学问（义理之学）不应该只坚持一种观点。例如在考察四端七情等事物的含义（义趣）时，要知道相同点中有不同点，不同点中也有相同点。换句话说，即使在某个角度上有相同点，但如果从另外的观点来看，也会存在不同之处。因此，随着看问题角度转变，既应注意其中的不同点（分而为二），也应找到其中的共同点（合而为一）。但是，在判断区分不同点时，其结果应是"不否定未分离时存在的共同点（不害其未尝离）"；在寻找共同点时，其结果应是"如果想从内容上区别则指出不同点（实归于不相杂）"。只有这样才是完整的、没有偏颇的知识。比如说，"对举而言"应该带来

---

① 《退溪全书》上，《答奇明彦（论四端七情第一书）》，第406页。

"浑沦而言"的结果，"浑沦而言"应该带来"对举而言"的结果。这就是李滉的学术方法论。由此可见，李滉之所以不顾修订解释中存在的矛盾，仍试图同时达到两个角度的效果，正是由于其是以这一方法论为前提的。

方法论是按照学问的理想和目的而得出的吗？换句话说，当有一个特定的目标时，不是应该按照其目的而决定方法的吗？其实，这种基于方法论前提的解释（答案）并不够充分。在决定方法论前提之前，应先就理想和目的做出解释说明。李滉解释上存在的牵强问题，尤其是在解释所从来的实际性方面犯了理论上的矛盾。其中，试图主张"理实发"确实很牵强。因此，如此牵强的原因应该从李滉试图以理实发解释四端的意图中寻找。

从论辩内容中看，四端理发是依据孟子的"原义"提出来的。关于这一点，不仅李滉承认，齐大升也承认。事实上，孟子的主张是四端（尤其是恻隐之心和羞恶之心）之发在现象中表现为人性的仁义礼智，并从这四种性的善而推论出人的性善。孟子论述四端的本意就是提出性善论。因此，李滉强调四端理自发的主张，不过是按照孟子的本旨，把自己的学问放在性善论的轨迹上而已。从中可以看出，性善的观点是李滉的学问理想，是其方法论的先行前提。因此，在解释四端七情中存在的牵强问题，是为了实现这一前提而为之的。

然而，这一原因解释仍不够充分。学问轨道不是学问本身的理想。学问轨道归根结底也是附属于学问理想的方法。从这一点看，我们甚至需要了解李滉为何选择性善的立场。如果李滉牵强解释的原因是选择性善说的立场，那么基于性善说的解释具有哪些优点呢？这些优点才是李滉解释四端七情的意义所在。

6. 解释的意义

李滉是如何批评奇大升的方法及其理论的呢？

> 夫讲学，而恶分析务合为一说，古人谓之囫囵吞枣。其病不少，而如此不已，不知不觉之间，駸駸然入于以气论性之蔽，而堕于认人欲作天理之患矣。奚可哉？①

如果做学问的方法是选择"合为一说，浑沦而言"（即解释四端七情的方法不是按照自己的而是按照奇大升的方法），最终将陷入"以气论性""认人欲作天理"的弊端。如果想要在理论上推翻这句话，或许有些勉强，但李滉这一解释有其优势，就是说，如果选择自己的方法，就能彻底区分理和气，因而就心而言在气的层面上可以确保天理比人欲占据优势。

李滉用"以气论性"来批评奇大升的"一物视理气"观点。事实上，按照奇大升从气的角度论理，就会导致理气无分别、气一元论的结果，"理之本体就是气之自然发现"就是例证。然而，奇大升的这一观点在理论上并没有错。因此，李滉批评这种观点是视理气为一物，但后来又肯定了这一观点。因为奇大升的观点也是主张作为善的"理之发"是"气随理发"（发而中节的情）。李滉最初虽然反对这个观点，说这是"一物视理气"，但似乎最终还是承认这个观点在理论上没有错。由此看来，李滉在解释问题上确实没有把理论上的错误当作太大问题。在李滉看来，最重要的理想似乎是必须通过区分理气确立天理优于人欲。那么，确保天理优于人欲具体是什么意思呢？

---

① 《退溪全书》上，《答奇明彦（论四端七情第一书）》，第407页。

李滉认为,四端和七情不是同实异名,四七的区别如同本然之性、气质之性的区别,并举出月亮的比喻来加以说明。李滉如是说道:

> 天上水中虽同是一月,然天上真形,而水中特光影耳。故天上指月则实得,而水中捞月则无得也。诚使性在气中,如水中月影,捞而无得,则何以能明善诚身而复性之初乎?然此则就性而取比,犹或彷佛,若比于情,则尤有所不然者。①

如果把性比作月亮,本然之性和气质之性的区别就像天上的月亮和映在水中的月亮(不言而喻,四端和七情的区别也是如此)。但是,如果说四端七情同实异名,那就像水中月亮被当成天上的月亮,想要水中捉月却不可得一样。若是如此,最终将陷入"则何以能明善诚身而复性之初乎"的境地。由此看来,李滉解释的意义关键在于"复性之初"。因此,确保天性优越性的意义就是"复性之初"。换句话说,就是人回归本性。

那么,人回归本性是什么意思呢?李滉如是说道:

> 气而无理之乘,则陷利欲而为禽兽。②

就情而言,如果只有气而没有理,人就会沦为陷入利欲的禽兽。作为本性的理的价值在于防止人类沦为禽兽。因此,人寻找本性回归本然就是指不要沦为禽兽。所以,主张理自发的李滉解释的意义

---

① 《退溪全书》上,《答奇明彦(论四端七情第一书)》,第429页。
② 《退溪全书》上,《答李宏仲问目》,第816页。

在于通过寻找与生俱来的善良本性，防止人类沦为禽兽，从而确立人类万物灵长的地位。

那么，李滉是如何实现这一解释的意义的呢？李滉认为四端如同"道心"，七情如同"人心"。① 因此，现在只要考察他的人心、道心理论，就能得到相应的答案。

五、人心、道心体现的心性论

1. 四端、七情与人心、道心

李滉主张说，人心、道心虽然与四端、七情相同，但严格来讲，它们之间也有不同之处。

> 但若各就其名实而细论之，则人心之名，已与道心相对而立，乃属自家体段上私有底。盖既曰私有，则已落在一边了，但可听命于道心而为一，不得与道心浑沦为一而称之。至如七情，则虽云发于气，然实是公然平立之名，非落在一边底……若夫道心之与四端，虽与人心七情之说不同，然道心以心言，贯始终而通有无，四端以端言，就发见而指端绪，亦不能无少异。②

七情是整体上的情（公然平立之名，非落在一边底），相比之下，人心是部分的情（落在一边底）。人心是与道心相对立的，"私心只有听命于道心才能成为一个心"。而且，四端从"端"字可见，表示"发现"，仅指"端绪"。但是道心从"心"字可见，心之作用

---

① 《退溪全书》上，《答李平叔》，第849页："人心为七情，道心为四端。"
② 《退溪全书》上，《答李平叔》，第849页。

是贯始"终通有无"的。那么,李滉为什么说四端、七情和人心、道心是相同的呢?

李滉如是说道:

> 分而言之,人心固生于形气,道心固原于性命。合而言之,道心杂出于人心之间,实相资相发,而不可谓判然为二物也。①

人心与道心虽然不是明确区别的"二物",但人心生于"形气",道心源于"性命"。形气和性命分别代表心的感性层面和理性层面。这些都是气和理的别称而已。因此,人心和道心的区别是从理气的角度加以区分的。四端、七情的区分从根本上也是从"理气之发"而言的。由此可见,李滉所说的四端、七情和人心、道心相同,只是出于理气二分的标准而言。所以,李滉从理气角度提出的人心、道心观点肯定是与四端、七情的解释相关。

李滉认为,如果"人心"脱离天理就会变成"人欲"。

> 人心者,人欲之本,人欲者,人心之流。……然而人欲之作,实由于此,故曰,人欲之本。陷于物欲之心,众人遁天而然,故乃名为人欲,而变称于人心也。②

人心之所以被称为人欲,是因为人心是人欲的根源。人类受人欲即物欲所吸引,就会背叛天道,带来恶果,这种人欲来自人心。所以,这时人欲就是人心的变称。由此可以看到,李滉心学的名称

---

① 《退溪全书》上,《答洪胖》,第887页。
② 《退溪全书》上,《答侨侄问目》,第897页。

相当烦琐、复杂多端。

不过,在李滉看来,虽然心性论很复杂,但可以用一句话概括:

> 大抵心学虽多端,总要而言之,不过遏人欲存天理两事而已。①

如上,"遏人欲、存天理"就是复杂的心学的要旨。由此看来,李滉解释四端七情的意义也与"遏人欲、存天理"的目的相辅相成。因此,对李滉而言,实现"遏人欲、存天理"的理论就是实现其解释意义的理论。

2. 人欲与天理

人欲是人心的产物(人心之流),是人心带来的恶果。天理是善的标准、是道心的内容,是指本然之性。因此,舍弃人欲和顺应天理,表面上看似乎是两回事,加上李滉说,"凡遏人欲事,当属人心一边,存天理事,当属道心一边,可也"②,更让人有这种感觉。但是,李滉说人心、道心不能说是原本就不同的两个事物(不可谓判然二物)。因此,有必要思考一下:天理和人欲的本质区分是什么?

李滉如是说道:

> 然则天理人欲之判,中节不中节之分,特在乎心之宰与不宰。③

天理与人欲的区别与中节、不中节的区别都取决于心之主宰与

---

① 《退溪全书》上,《答李平叔》,第849页。
② 《退溪全书》上,《答李平叔》,第849页。
③ 《退溪全书》上,《答李宏仲问目》,第816页。

否，其区别取决于"情的调整与否"。情发而中节者是天理，不中节者是引发冲动的人欲。因此，遏人欲、存天理是以情的自主调整为前提的。怎么才能实现这个自主调整呢？

李滉主张说，"能精能一，则不畔于道心，不流于人欲矣"①。如果处于"精一"的状态，则不会陷入人欲之中，而是会追随道心即天理。精一也可以用"主一"或"执一"来表述，是指"意识集中、统一的状态"。具体而言，相当于孟子所说的"必有事焉，而勿正，心勿忘，勿助长也"②。这种保持紧张而真诚的态度就是"敬"的态度。③ 李滉主张，如果维持"敬"的状态，就可以进入"诚"的状态，④ 而且，从精一即敬的状态时可以遏人欲、存天理的意义上，可以说"敬是一心之主宰"。⑤ 那么，为什么精一状态下可以遏人欲、存天理呢？李滉如是说道：

> 如勿忘勿助，则道之在我，而自然发见流行之实，可见。⑥

"勿忘勿助"是指"必有事焉"的精一状态。如果处于精一的状态，就可以看到自我内心存在的道，即理之发现和流行之实。此处所说的"理之发现和流行之实"是指人生而俱来的理的能力。这可以看作是"能够了解天理之所当然是什么并能做到这一点的能

---

① 《退溪全书》上，《答李宏仲问目》，第824页。
② 《孟子·公孙丑上》。
③ 《高峰集》卷五，《答友人论学书》："愚意妄谓，以勿忘勿助长，为持敬之节度，则可。"
④ 《退溪全书》上，《答金而精》，第683页："主一之一，乃不二不杂之一，亦专一之一。非指诚而言，但能一则诚矣。"
⑤ 《退溪全书》上，《圣学十图·第八心学图》。
⑥ 《退溪全书》上，《答郑子中》，第606页。

力"。所以，如上引文的内容是说，人只有忠实于自己或诚实自省的时候，才能体现出这样的理的能力。如此看来，遏人欲、存天理是由自律形成的，唯有真诚才有可能实现。即，"只有精一才有可能遏人欲、存天理"，说明这是需要通过自律才能实现的。

究其原因，李滉的这种理论从近看可以说源自朱熹，从远看也可以说是源自《书经》。这是《书经》中"惟精惟一，允执厥中"①的延续。因此，要充分了解"存天理"的意义，有必要研究李滉关于"执中"的理论（或他所承认的关于"执中"的理论）。

3. 中与礼、天人合一

《中庸》说，"中也者，天下之大本也"②。"中"客观上是指道德规范，即相当于"时中"，表示"中庸"的意义。李滉曾用"不偏不倚"、"无过不及"、"平常之理"（日用之理）、"天命所当然"、"莫不各有恰好处"等表述"中"，也曾用《大学》里的"至善"表述"中"。③"中"就是指作为道德规范的礼的原理。用李滉的表述就是，"中乃礼得宜处"④。礼的合理性或规律性的依据就是"中"。由此可见，作为"执中"的"存天理"在日常生活中是通过"礼"实现的。因此，解释四端七情的意义即"防止禽兽化、确立人威信"，具体是通过"礼"来实现的。

另一方面，"中"在主观上是指心性的"未发"。《中庸》讲道，"喜怒哀乐之未发谓之中"。"未发"就是指人性的"本然"，所以"未发的中"就是指"本然之性"。

---

① 《书经·大禹谟》。
② 《中庸》，第一章。
③ 《退溪全书》上，《答李宏仲》，第816页。
④ 《退溪全书》上，《答李平叔》，第850页。

> 言一理之均赋，则物物之中，莫不有天然自在之性，盖气虽自隔于物而有异，理不为气所囿而终无。故曰，万物各具一太极。①
>
> 自吾之性情形色日用彝伦之近，以至于天地万物古今事变之多，莫不有至实之理，至当之则存焉。即所谓天然自有之中也。②

作为理的"天然自在之性"就是"天然自有的中"。但是，李滉似乎认为，"未发之中"与"作为时中的中庸"，即"不偏不倚""无过不及"的状态，二者只是所讲的角度不同，内容是相同的。他似乎认为"未发之中"就是"天下之大本"，原因是"不偏不倚""无过不及"这样的表述本身就是以性的"发而中节"为前提的。而且，区分天理和人欲取决于心之主宰与否，同样，能否自律地实现存天理取决于敬与否。因而，李滉视存在与当为是一样的。这一点在他认为所当然和所以然都是同一理的观点中也有所体现。③ 可以说，李滉根据如何看待本然之性，决定能否依据礼实现本性。

如前述引文所述，本然之性是指"万物各具一太极"。因此，作为"执中"的存天理就是遵循太极所具有的含义。太极的含义大致如下：

---

① 《退溪全书》上，《答侨侄问目》，第897页。
② 《退溪全书》上，《戊辰六条疏》，第186页。
③ 参考前文"基本心性观"。所当然和所以然的对比也可以看作是当然与必然、当为与存在的对比，这一点在前文"宇宙发生观"一章中有详细论述。总之，齐大升认为只有所以然是理，所当然是事，而李滉认为二者都是理。即，两者主张在理这一点上是一致的。(《退溪全书》下，《论所当然所以然是事是理》，第185页)

> 总天地万物之理，便是太极。太极本无此名，只是个表德。……太极只是个极好至善底道理。……太极是五行阴阳之理皆有，不是空的物事。①

太极是指与万物有关的一切法则。即，不仅是事物的生成法则，而且作为至善的法则也是万物之理的总和。因此，存天理不仅仅意味着抛弃感性欲求而遵循理性或礼的行为。归根结底，这是寻找万物即宇宙的意义，并做出相符的行为。由此，我的行为最终与万物的生成变化即宇宙秩序协调一致。这是作为理的天与人合一，即"天人合一"的境界。可以说，这个境界是李滉人性论追求的终极目标，也是李滉解释四端七情的意义所在。

六、结 论

综上所述，可以看出朝鲜王朝的性理学者为什么如此重视礼（甚至称之为礼学派）。② 性理学的礼思想是以本性之理的思想为依据的。以理气二分为前提，心、情、性各分为人心、道心、四端、七情，本然之性、气质之性，再将理分为体用，最后以本原理之发的理论为基础建立了礼思想。

但是，对心、性、情的二分本身不是绝对的，"理之发"在实际中是无法被承认的。李滉对四端七情解释存在的牵强之处也源于此。事实上，四端七情就是为了将四七概念上的差异合理化为四七是同一的事实现象，即试图用所从来的发生论角度上具有同一根源的事实，统一在"所指"意义上的差异，所以问题本身不可避免地存在矛盾。这个不可避免的矛盾就是李滉对四端七情的解释无法合理化。

---

① 《朱子语类》卷九十四。
② 玄相允：《韩国儒学史》，第 171 页。

事实上，主张理之发是以本然之理的（事实的）存在（本有）为前提的论点。但是，如果主张理的实际存在，就会否认理气二分。而无视这个问题是因为对理或本性实在的信念。即，为了主张礼思想，而不得不需要理实在的假设成立。但是，如果理实在不仅仅是作为一种假设，而是成为一种信念，礼思想将会变成盲信、盲从，最终脱离哲学的性质，转变成宗教的性质，这里体现了理气二元论存在的哲学上的局限性。如果忽视礼思想的基础即理气论的前提所具有的缺陷，只是一味地强调礼的绝对性，那么将导致为建立社会秩序及人的权威而忽视人性，就有可能陷入束缚人性的形式主义。更重要的是，当认为理的意义归根结底是整个宇宙的意义，并且意识到要完全实现这个意义实际上是很困难的时候，这种局限性将更加凸显。

然而，这并不意味李滉的心性论毫无价值。对于其认识人的本性并寻找人的本然面貌，从而为人类社会建立秩序（礼）的同时，建立人的权威（主要防止人类动物化）的努力和理想，我们不能不给予高度评价。可以说，这是李滉四端七情论乃至心性论的优点和价值所在。"理发说"的价值意义也在于此。理发说的价值意义也是作为"理用"的"理动或理生"理论价值的意义。因为"理动""理生"与"理发"一样都是以"理的实在（本有）"为前提的观点，"理的实在"的意义（在现实中无法承认的）只能在价值上得到承认。

究竟如何才能克服李滉理论上存在的弱点，并使其优点在当今也能成为有益的、有用的知识，是李滉心性论赋予我们的时代课题。

第四章 价值观[*]

一、序言

本章所说的"价值观"实际上是"伦理观"的含义。伦理观不仅包含规范论的含义,还隐含着形而上学的含义。具体而言,如果规范论的基础是宇宙论,那么这里所说的伦理观还要包括宇宙论的方面。从论述对象包括宇宙论的层面来看,笔者认为价值观这一表述比伦理观更为恰当。

儒学的伦理意识比其他任何思想都要透彻,伦理问题是儒学思想的核心支柱。首先,儒者最初就是学习并教授礼的"相礼者",充分体现了儒学与伦理的密切关系。[②] 不仅如此,从孔孟身上也可以看出,儒学一直以政治作为实现伦理的手段。因此儒学比其他任何思想都能更好地在现实中消化和实践伦理。儒学之所以能在建立和维持东方传统秩序方面比其他思想做出更多的贡献,也是基于这种性

---

[*] 本章以在《亚细亚研究》54号(1975年)及《退溪学报》第11辑中发表的论文为基础修改而成。

[②] 《说文》和《礼记》中,分别有"儒,柔也,术士之称","儒以道得民"之说。这里的"术"和"道"就是儒教所授的以"礼"为主的"六艺",指儒者以"术士"或"道"获得百姓,是因为儒者最初是以相议教礼的"相礼者"开始的。

质。像儒学这样连政治也被作为实现伦理的手段，不能不说充分证明了儒学所具伦理意识的透彻性。

研究李滉的价值观，或许正是了解儒学伦理观，尤其是了解儒学"最深化的伦理观"的途径之一。因为性理学在形而上学式的合理化方面深化了先秦、原始儒学，而且在性理学中程朱学比陆王学更具有主知主义特征，追求客观理论（穷理）的倾向更为突出。① 李滉作为程朱理学派的性理学者，独立继承了程朱思想，是程朱理学的集大成者，是程朱理学的一个顶点。仅从李滉的几部著作来看，就可看出他从程朱学的立场出发，以立志全面整理程朱学的姿态，专心研究学问（儒学）。李滉出于仰慕朱熹，编纂了《朱子书节要》；而后又通过编写《四书集义》等从程朱学角度解释儒学经典；通过编写《宋季元明理学通录》和《圣学十图》等对程朱学做历史性的整理和全面的理论总结。② 尤其是《圣学十图》，在介绍程朱等先贤理论的图说上还添加了自己的图说，③ 表明他已经超越了程朱。因此，研究李滉价值观无疑是了解儒学最深化的伦理观的途径之一。

这样的研究需要什么样的方法呢？首先，需要根据儒学的特点来确定研究的角度。在笔者看来，儒学追求的终极思想目标是实现"天人合一"。这就是孟子所说的"与天地同流"④、《中庸》所讲的

---

① 程朱学以同时满足"居敬穷理"和"知和行"作为理想，带有"一日一格"的客观倾向。而王守仁的心学主张主要通过内心的"良志、良能"的主观开发实现所有一切的贯通。正是由于这个原因，阳明学称程朱学的方法是"至难"。

② 《宋季元明理学通录》记录、整理了宋朝和元明时期的程朱理学的历史，比黄宗羲的《宋元学案》《明儒学案》还要早一百多年。另外，李滉的《启蒙传疑》体现了他的易学功底，他在自己的书信中挑选可作为自省的文章编成了《自省录》。

③ 主要是对《小学图》及图说的解释。

④ 《孟子·尽心上》："夫君子，所过者化，所存者信，上下与天地同流，岂曰小补之哉？"

"与天地参"和"赞天地之化育"。① 天人合一的本意是指作为自然人的"我"和被称为"天"的宇宙、自然相和谐,但考虑到天表示虚空、宇宙及宇宙自然的规律等多种意义,② 因而在伦理上的"天人合一"是指"我的行为(人)与宇宙自然的规律(天)相一致"。《孟子》和《中庸》所讲的内容也是表达"我的行为与宇宙自然的规律相一致"的意思。在这种情况下的"天"是指自然规律,也是指向善的我的行为应该遵循的规则。因此,在天人合一的思想中,作为规范法则的当为(Sollen)在内容上与作为自然法则的存在(Sein)是相同的。最能体现这一点的是《中庸》所讲的"天命之谓性,率性之谓道"。也就是说,"我"所要修行的"道"是"天命之",是遵循本原的性(率性之)。实现存在(性)即是当为(道),两者相一致,这就是事实(fact 或 Tatsache)与价值(value 或 Wert)一致的东方的自然法(law of nature 或 Gesetz der Natur)思想的发祥前提。这个前提可以说是儒学伦理的根本特征。从这个意义出发,论者计划将重点聚焦到李滉价值观这个根本前提的思考方式上。如果说李滉作为程朱派性理学者已经超越程朱,那么他是如何立足于这个前提建立儒学的伦理说,又多大程度地合理化了儒学伦理说呢?

其次,需要从方法论角度提出的一些论述性问题进行思考。第一,李滉建立自己的思想(学说),由于其所处的时代,存在如何看待先秦儒学以及李滉之前的程朱学说的问题。尤其是程朱理论在李滉的思想中占据了重要分量,因此他必须面对如何处理与这些理论关系的问题(例如比较论述等)。就这个问题而言,论者考虑到本文考察的目的不在于单纯的比较研究,而是在于揭示李滉理论本身的

---

① 《中庸》第22章:"唯天下至诚,为能尽其性;能尽其性;则能尽人之性;能尽人之性,则能尽物之性;能尽物之性,则可以赞天地之化育;可以赞天地之化育,则可以与天地参矣。"

② 参见李相殷:《中国哲学史》。

结构和性质及其理论体系的深度,因而选择阐明李滉提出或引用的每个理论的来源和界限的同时,指出它是如何以及以何种方式进行论述的。第二,如何看待李滉理论本身的问题。从记载李滉思想的著作来看,数量众多,① 且包括诗、书、论、疏、记、辩、杂著等多种文体,特别是李滉中年时期和老年时期的思想也存在差异。因此,其中必然存在主观差异性,解释的内容和体系相应地也会有一定程度的差异。因此,论者将以李滉晚年观点为基准,重点关注论、辩、书、疏等富有客观性的资料,依据其陈述的观点(视角)尽可能寻找客观合理的理论(思想)脉络。

二、价值论的起源

1. 对伦理行为的关注

广义上的"伦理行为",儒学称之为"义理之行"。义理之行是指符合理性的"正确行为"和"善行"。尽管在语义上有一些细微差别,但"道义(道德)""义礼(礼义)之行"与"义理之行"通常被用作同义词。语义上的细微差别是指,"义礼之行"比"义理之行"更具社会习俗性和规范性,因而需要较少的个人意识和自我决断。李滉更经常使用"义理之行"来表达伦理行为,例如:

> 阳明乃欲引彼形气之所为,以明此义理知行之说则大不可。②

如上引文中所说的形气,泛指肉体、肉身,狭义指感觉或感性。

---

① 仅其文集之内集的初刊本就有51卷31册之多。
② 《退溪全书》,《传习录论辩》,第924页,大东文化研究院,1958年。

李滉认为，本能的、无意志的、感性的动作（形气之所为）不能称作"行"，而只是单纯的"所为"；它有别于"行"，因为形气的所为是"行动"，而不是"行为"。因此，在李滉的观点中，有别于本能行动的伦理行为无疑是"义理之行"。所以，李滉的伦理意识始于他区分"义理之行"和"形气之所为"。

李滉始终在"知"中寻找义理之行。在李滉看来，追求"行"不能脱离"知"。如上引文中将"义理之行"与"义理知行"一同使用也是因为这个原因。但这并不意味着他赞同王守仁的"知行合一说"，相反，他极力批判和排斥王守仁的知行合一说，他的知行说不同于王守仁的观点。他以独到的知行说追求义理之行：

> 其以见好色闻恶臭属知，好好色恶恶臭属行，谓见闻时已自好恶了，不是见了后又立个心去好，不是闻了后别立个心去恶，以此为知行合一之证者似矣。……至于义理则不然也。不学则不知，不勉则不能……故见善而不知善者有之，知善而心不好者有之……故义理之知行，合而言之，固相须并行而不可缺一。分而言之，知不可谓之行犹行不可谓之知也。岂可合而为一乎！①

如上引文具体阐明了李滉所说的形气的所为和义理之行。对颜色和气味的好恶反应等②是形气的所为，善的实践是义理之行。对颜色和气味的好恶反应（行）发生在意识（知）到它的同时。在这一点上，王守仁的知行合一说是可以被承认的。但问题在于李滉本人

---

① 《退溪全书》，《传习录论辩》，第924页。
② "如好好色，恶恶臭"的表述出自《大学》。《大学》中原本的表述是："所谓诚其意者，毋自欺，如好好色，如恶恶臭，此之谓自谦，故君子必慎其独也。"王守仁在此基础上提出"知行合一"，特别是"知行的本体"。

追求的义理之行。即使有善的知识,但没有行善的意志,义理之行就不会付诸实践。就连善本身也不是天生就会的,而是学会的,即使学会了而不努力实践也是不行的。总之,义理之行不适用于知行合一说。然而,这并不意味知和行毫无关系。李滉以义理之行为基础,修改了王守仁的观点,区分了知和行,并指出它们是"相须、并行"的关系。李滉还曾用其他表达方式体现相须并行的关系,如"就像两个车轮或鸟的两个翅膀相互协助共同前进(贯彻相资而互进)"。①

那么,李滉所强调的义理之行所具有的相须、并行的知行关系是什么呢?关于善的知识是可以通过判断义理之行而获得的,从而使义理之行成为可能。事实上,无论有多大的实践义理之行的意志和努力,如果没有关于善的知识,无异于动物丧失了方向感。然而,关于善的知识最终也只是指示义理之行,而不是推动行为的实际力量。就行为而言,如果没有实际的力量(意志、努力等),也免不了虚空的性质。如此看来,就义理之行而言,知行既是明确区分的关系,又是不可或缺的相对关系。李滉之所以提出知行是相须并行的关系,是因为认识到王守仁主张的知行缺乏必然性,所以他强调了知行相须的特性。李滉主张的伦理行为意在建立在知行相须并行或相资互进的关系上。从知行相须并行或相资互进的角度来看,充分体现了李滉有意识地、积极地追求伦理行为的道学者的意志。当然,如果换个观点,李滉的知行观也可以理解如下。

2. 追求义理与进退问题

与行为相须、并进或相资、互进的知识,不是为了知识的知识(knowledge 或 Kenntnis),而是为了行为的智慧(wisdom 或 Weishe-

---

① 《退溪全书》上,《答李刚而问目》,第521页。

it）。因此，在这种情况下的学问并不止于追求某一个对象的知识，它同样是为了获得智慧。不是为了真理而追求真理，而是为了行为而寻找真理，也就是说，我必须亲身实践，才能找到我自己生活下去的原理。

李滉如是说道：

> 道之浩浩，学者难得其门而入，程朱之兴，以居敬穷理两言，为万世立大训。①
>
> 且圣贤之学，本诸心而贯事物。故好善则不但心好之，必遂其善于行事，如好好色而求必得之也。恶恶则不但心恶之，必去其恶于行事，如恶恶臭而务决去之也。②

居敬和穷理分别表示行与知，所以知和行兼而有之的就是李滉所说的学问（道）。李滉把知与行兼而有之，改说为"本诸心而贯事物"。这种性质的学问就是圣贤之学。"本诸心"是指知识以及"心的操纵"，贯通事物则是指通过了解事物的理法（与事物相关的），可以正确地行事。从这里可以看出，李滉的学问虽然想兼有知和行，但实际上更注重行为的层面。从这个意义上，李滉主张，不管是喜欢还是讨厌善恶，不要仅停留在内心的喜欢和讨厌上，而应该在日常生活中身体力行或排除在外。性理学者们认为，性理学本身就是以"存心养性"为目标的学问，因此以"我的实践躬行"为基础的所谓"为己之学"而自诩，③ 李滉同样认为不能在生活中亲

---

① 《退溪全书》下，《自省录·答南时甫》，第 153 页。
② 《退溪全书》上，《传习录论辩》，第 924 页。
③ 孔子也曾以"古之学者为己，今之学者为人"（《论语·宪问》）即"为己之学"为目标，但从儒学史来看，宋明理学更加强烈地追求这一点，甚至达到了先秦儒学和汉唐儒学不可比的程度。

身实践的活动和行为,从根本上不能成为学问追求的对象。他所追求的义理之行并不是盲目的追求,而是日常生活中一刻也不能离开的,需要迫切解决的问题。

李滉在现实生活中遇到的具体的"义理之行"问题,最具代表性的可能是他的所谓"进退、出处"即去留问题。虽然李滉名义上的仕宦生活一直持续到 70 岁,但实际上他从 43 岁(癸卯年)开始就萌生隐退之意,不断辞去官职,50 岁(庚戌年)以后实际上是隐居、讲学的时期,过上了适合自己的生活。① 但这一期间,君王无数次命他还朝任职,李滉则反复地上疏表明退意,有时一次的诏命需要上疏四五次。事实上,李滉曾向曹植(南冥,1501—1572 年)、齐大升等提到过受这个问题困扰的事情。如下引文是李滉 59 岁时写给齐大升文章的一部分。

> 姑以滉身亲经历者言之,滉少尝有志于学,而无师友之导,未少有得,而身病已深矣。当是时,正宜决山林终老之计,结茅静处,读书养志,以益求其所未至,加之三数十年之功,则病未必不瘥,学未必无成,天下万物,如吾所乐。何哉,顾不出此,而从事于应举觅官,以为我姑试之,如或不可,欲退则退,谁复绊我。初不知今时与古时大异,我朝与中朝不同,士忘去就,礼废致仕,虚名之累,愈久愈甚,求退之路,转行转险,至于今日,进退两难,谤议如山,而危虑极矣。②

---

① 李相殷博士也持有同样的见解。参见李相殷:《退溪的生涯与学问》,瑞文堂,1973 年。

② 《退溪全书》上,《答齐明彦》,第 402 – 403 页。

当时是士祸余震尚未平息的时期，① 对自年轻时期就患上消化不良病症（羸悴之疾），② 但对学问热情极高的李滉而言，去留的问题不能不说是很大的苦恼。

但导致李滉因去留问题而苦恼的原因并非单纯是这些问题，这些不过是一种外在因素。由于义理之行本身所具有的内在因素，所以才使得去留问题更具严重性。也就是说，李滉因去留问题而苦恼的根本原因源于其内在因素。从下面这段文字中可以看出这一点：

> 大抵出处去就，当自决于心，非可谋之于人，亦非人所能与谋。……第患平时理有所未精，志有所不刚，则其所自决，或不免昧于时义，夺于愿慕而失其宜耳。③

精致的"理"和刚毅的"志"是最重要的因素和条件。正是由于这些使得去留符合"时义"，而且不失"本意"。如前所述，义理之行是实践善的行为，因此要实现善的知识和实践，需要实际的意愿、意志和努力。善是指善的原理即"理"，实际的原动力是指"知"。善的原理和意志是自我领悟或自发的，所以这些因"不明"或"薄弱"而引起的去留问题的苦恼，必须要按照他的想法自己解决。但有一点值得注意的是，即使李滉再怎么为去留问题而苦恼，而且这个问题也被看作是他"义理之行"的代表事例，但所追求的"义理之行"的范围也会不局限于这个去留问题。

---

① 己卯士祸发生在李滉 19 岁之时，乙巳士祸发生在李滉 45 岁之时。李滉的兄长李瀣受士祸余波影响，被李芑流配，途中去世。

② 据年谱记载，李滉 20 岁左右开始为研究《周易》而废寝忘食，从此患上羸悴之疾。李滉自己也坦言，由于早年不懂学问之道，过分刻苦而患上羸悴之疾。

③ 《退溪全书》上，《答齐明彦》，第 402 页。

3. 伦理体系

去留问题并不是李滉所追求的"义理之行"的全部,"义理之行"的范围很广。这一点充分体现在他的如下文字中:

> 盖唐虞之教在五品,三代之学皆所以明人伦,故规之穷理力行,皆本于五伦。①

李滉认为,唐虞之教和三代之学都是揭示人伦的学问,人伦归根结底是"五伦(五品)"。意思是说,儒学本身就是以"五伦"为学习对象。所谓"五伦"当然是指"父子有亲,君臣有义,夫妇有别,长幼有序,朋友有信"。这是董仲舒基于孔孟的仁义说而提出来的不完整的"三纲五纪",②而朱熹则是通过提出"三纲五伦"的纲领明确阐明了这个观点。对李滉而言,"五伦"是人类应该揭示并遵循的"明伦"。他在《小学图》中指出,"明伦"就是"明父子有亲,明君臣有义,明夫妇有别,明长幼有序,明朋友有交"。③ 可见,李滉的义理之行的适用范围,即他所描绘的伦理体系就是从儒学传统继承下来的"三纲五伦"体系。那么,李滉描绘的伦理体制是否只限于此呢?五伦体系就是他义理之行所适用的全部范围吗?义理之性不仅是"应用",在广义上还有"管摄"的意思,从这一点上还能说义理之行仅限于五伦体系吗?

按照李滉的说法,如果正确地履行五伦等人伦,不仅会带来社会秩序的矫正,而且还会带来更多的成效。

---

① 《退溪全书》上,《圣学十图·第五白鹿洞规图》(后叙解题)。
② 董仲舒只提到了君臣、父子、夫妇之间的义,并没有详细论说"五纪"。(参看《春秋繁露》)
③ 《退溪全书》上,《圣学十图·第三小学图》。

> 畏敬不离乎日用，而中和位育而功，可致。德行不外乎彝伦，而天人合一之妙，斯得矣。①

"中和位育"来自《中庸》："喜怒哀乐之未发谓之中，发而皆中节谓之和。中也者，天下之大本也，和也者，天下之达道也，致中和，天地位焉，万物育焉。"②"中"，狭义上是指喜怒哀乐发之前的本原，广义上是指在喜怒哀乐行为表现出来之前可以假定的本原标准。③"和"，是指行为符合其标准条件。因此，"中和"就是指行为表现出符合规范、规律的状态。"位育"，是指自然的秩序（位）和生成（育），表示自然按照其自身的规律维持秩序，形成各种生成现象。所以，如果实践义理之行即人伦（五伦），其结果不仅能匡正社会秩序，而且还能与自然秩序相一致。用一句话概括，就是认为会带来"天人合一"的结果。可见，李滉也是把伦理的终极理想境界放在了先秦儒学以来的"天人合一"上。正如序言所预料的那样，李滉的伦理观也是以"天人合一"的思考为基础，认为义理之行所遵循的规范法则和自然秩序所体现的自然规律在根本上是一致的。也就是，是以"存在与当为一致"的思考为前提的。

李滉似乎非常确信"天人合一"的结果，因为他还解释了是如何形成的。

> 盖圣学在于求仁，须深体此意，方见得天地万物一体，真实如此处，为仁之功始亲切有味。④

---

① 《退溪全书》上，《圣学十图·进圣学十图札》。
② 《中庸》第一章。
③ 尤其是在表示中的意思时，"中"被用作"无过无不及"。本文第六节"心性论"中将进行详论。
④ 《退溪全书》上，《圣学十图·第二西铭图》（解题）。

如果能够深刻体会"仁"的含义，就会领悟到"人与天地万物一体"。而且，当人与天地万物一体时，才能真切体会到"仁"的意义。换句话说，因为"仁"，我们才能与天地万物合为一体（天人合一）。自孔子以来，"仁"就被赋予多种含义，因此很难用一个词来明确定义它。但是，如果从孔子的"爱人"① 概念或孟子的"恻隐之心，仁之端也"② 的解释来看，那么它一定是从恻隐之情中产生的人性。如果是这样，则可以说以"天人合一"为目标的义理之行从根本上实现了"仁"即人性（human nature 或 menschliche Natur）。

4. 义理之行与德性

从《圣学十图·小学图》之"小学题辞"来看，李滉明确将行看作人性的具体体现。

> 仁义礼智人性之纲，凡此厥初无有不善，蔼然四端随感而见，爱亲敬兄忠君弟长。③

仁义礼智是孟子从"四端之心"（恻隐之心、羞恶之心、辞让之心、是非之心）而推导出来的人之本性。④ 据孟子所言，这是"心的根本（跟于心）"，是区别于"食色之性"的"善的本性"。⑤ 在李滉看来，性善是人类固有的。⑥ 因此，这意味着人的善的"德

---

① 《论语·颜渊》。
② 《孟子·公孙丑上》。
③ 《退溪全书》上，《圣学十图·第三小学图》（小学题辞）。
④ 在本文第六节"心性论"中将展开详论。
⑤ 《孟子·尽心》一文中说，"君子所性，仁义礼智根于心"，"口之于味也，目之于色也，耳之于性也，鼻之于臭也，四肢之于安佚也，性也，有命焉，君子不谓性也"。
⑥ 《孟子·告子上》："仁义礼智，非由外铄我也，我固有之也。"

性"。李滉认为，"爱亲""敬兄"等义理之行正是因为这些"德性"。因为仁义礼智等四端之心，所以才会有具体的义理之行。在上一段引文中，李滉之所以只举德性中的"仁"来说明"义理之行"的实现，是因为他认为"仁"是德性中最具代表性的"元德"，涵盖了其他德性。①

其实李滉的这种看法，也是经过董仲舒到朱熹时期才固定下来的。董仲舒在《春秋繁露》等著作中，在"仁义礼智"上添加"信"，即所谓的"五常"，被视为义理之行的根源。此外，还在四端之心上添加上"诚实之心"，认为诚实之心就是体现信的道理的心。到了朱熹这里，称"五常（仁义礼智信）"是"五伦之道"，主张五伦的亲、义、别、序、信分别是爱之理、宜之理、敬之理、别之理、实之理。② 李滉接受了这些理论，认为五伦的伦理源于五常的德性。其例证可以在《圣学十图》等著述中找到。③ 因此，从目前为止的考察来看，李滉所主张的存在与当为一致可以概括为"本性（自然性）=义理之行（五伦）之道"。

将道理之行视为本性（德性）的实现，因而"义理之行"之道也就是德性本身，也就是把伦理行为（自然意义上的）视为必然行为。这是一种不区分必然（不是逻辑必然的意思）规律和规范规律的态度。在这里，我们不禁要问，李滉是不是不懂得区分必然规律和规范规律呢？但是，他对这两种规律性有着明确的区别意识，有例为证：

---

① 关于仁是最具代表性的元德，涵盖其他德性的观点，在朱熹的"仁说"中有很好的体现。李滉赞同朱熹的"仁说"，称"发明仁道，无复如蕴"。见《退溪全书》上，《圣学十图·第七仁说图》。
② 参考《退溪全书》上，《圣学十图·第六心统性情图》。
③ 参考《退溪全书》上，《圣学十图·第六心统性情图》。

> 敬以为主，而事事物物，莫不穷其所当然与其所以然之故。①
>
> 自吾之性情形色日用彝伦之近，以至于天地万物古今事变之多，莫不有至实之理，至当之则存焉。②

此处所说的"所当然"和"至当之则"是相同的意思，"所以然之故"和"至实之理"是相同的意思。只是李滉经常使用其中的"所当然"和"所以然之故（或所以然）"等用语。③ 李滉认为，所以然之故和所当然是与事物、物体和事件都相关的规律法则。所以然之故是指"变成这样的原因"。它同时表示原因（cause 或 Ursache）和理由（reason 或 Grund）。因此，如果单独使用"所以然之故"一词，从表示原因这个角度上虽然可以说是必然（necessity 或 Notwendigkeit）的意思，但从表示理由这个角度上就很难说只有必然的意思。只有当与所当然对比而言的情况下，才能表示事物的必然原理。④ 因此，这不是与义理之行直接相关的规律法则。而"所当然（或至当之则）"是指"应该这样做（或应该这样做的法则）"。它与行为相结合就是"行为的道理"，即义理之行的规律法则。⑤ 李滉追求的义理之行，只能是符合所当然或至当之则的行为。从李滉对比所以然之故和所当然来看，他是存在区分必然规律和当为规律的意识的。因此，李滉之所以把存在和当为视为一致，将伦理行为看作必然行为，并不是因为他对这种规律性没有分辨能力，而应该是有其他的原因。

---

① 《退溪全书》上，《戊辰六条疏》，第186页。
② 《退溪全书》上，《戊辰六条疏》，第186页。
③ 李滉针对所以然和所当然还写了一篇名为《论所当然所以然是事是理》的文章，可见经常使用这两个词语。
④ 尹丝淳《退溪的太极生两仪观》（《亚细亚研究》35号）一文有详细的论述。
⑤ 尤其是在要鲜明表达理法意思的时候，使用"所以然之理"一词。

理由很明显，所当然和所以然的法则虽然适用领域不同（因此有所区别），但在内容上是相同的。关于"本性＝义理行之道"的想法，在李滉之前就已经有程颐提出的"性即理"。李滉正是继承了程颐的立场，认为理的意义是"所当然"与"所以然"相一致的。

所当然和所以然之所以成为理的问题，虽然说源自《大学或问》"格物"一章的注，① 而李滉在这个问题上的探讨则是因为齐大升和郑惟一（文峰，1533—1576年）而引发的。齐大升主张"所当然"和"所以然"的区别在于内容上的不同，前者只是"事"，而不是"理"，而后者只是"理"；而郑惟一主张无论是所当然还是所以然都是内容相同的理。他们意见相左，最终向李滉请教。对此，李滉回答说，虽然可以用事和理来区分，但归根结底都可以说是理。他认为把所当然也看作理的观点更合理。② 与此同时，他还用当然之理表示事物的必然之理（物理）。

> 夫舟当行水，车当行陆，此理也。舟而行陆，车而行水，则非其理也。君当仁臣当敬，父当慈子当孝，此理也。君而不仁，臣而不敬，父而不慈，子而不孝，则非其理也。凡天下所当行者，理也，所不当行者，非理也。草木，有以字，此而推之，则理之实处，可知也。③

船在水上行，车在陆上走，都是所以然之理，但同时也是所当然之理。这个"理"与君王爱护百姓（仁）、儿子孝顺父亲是同样的理。李滉之所以认为义理之行是必然的，似乎是因为他认为所当然之理和所以然之理是一致的。因此，要对李滉的伦理观有更深入

---

① 参见《退溪全书》下，《论所当然所以然是事是理》，第186页。
② 第五节"宇宙论结构"中将详细论述。
③ 《退溪全书》下，《论理气》，第702页。

的考察和探讨，应首先从根本上分析"所当然和所以然是一致的理的看法"（下文简称"理一致论"）。

李滉通过理气论将价值论和理一致论加以理论化。李滉认为，所有理论都是通过"理"和"气"这两个具有非常复杂含义的用语构成的。因此，在考察李滉的价值观之前，需要首先了解李滉价值观的理气论基础。

三、理气论的立场

1. 理气的概念

(1) 理的意义与特性

如前所述，理是指一切变化、现象的"所以然"。李滉说，"鸢飞鱼跃……而所以飞所以跃者，乃是理也"[①]。说明所有变化的原因、理由的就是理。在这一点上，理一般化了与事物相关的所有"法则"（law 或 Gesetz）。事实上，在李滉学问的起源——程子处就早已如此使用了。

> 天下物皆可以理照，有物有则，一物须有一理。[②]

理相当于"有物有则"的"则"。因此，理被用作所有表示"道理""原理""原则"的意思。因此，理有时被用作表示"真理"的意思。同理，也用作表达前文所述的"所以然""所当然"的意思。只是当"所以然"和"所当然"对比时，即强调必然法则的意

[①]《退溪全书》上，《答侨侄问目》，第899页。
[②]《二程遗书》卷十八。

思时，理表现为"所以一阴一阳之道";① "所当然"即以表示当为的意思为主时，理表现为"所具于事物之理"。②

李滉所说的理是以"极"的意思为前提的。理是指"（事物）各具一极"③。极既具有"至极"的意思，也具有"标准"的意思。④ 因此，理是事物的标准，也就是使某事物成为该事物的标准，是该事物当然要遵循和遵守的标准。理以"气"为质，形成具体的现象事物（理气合而命物）。⑤ 由此可见，李滉所说的"事物所具之理"类似于事物的生成形式（form 或 Forma）或本质（essence 或 Wesen）。

李滉和其他性理学家一样，也会用《论语》《周易》《中庸》等原始儒学经典中的用语来代替理的意思。如，理还可以表示为"太极""天理""天道""道""中"等。而且因为这些替代用语具有复杂的含义，李滉所说的理的含义也变得更加复杂。但是，这些个别的用例都只是上述理的基本含义应用于特殊个例而已。因此，需要根据每个不同的个例来分别理解其含义。

理的特性是"形而上"。⑥ 形而上是指不能直接感觉得到的性质，即超感觉的普遍性（the universals 或 die Universale）。因此，理不具有作为的性质。李滉对理的解释与朱熹相同。

---

① 《退溪全书》上，《戊辰六条疏》，第 186 页。
② 《退溪全书》上，《答禹景善别纸》，第 749 页。
③ 《退溪全书》下，《论理气》，第 702 页。
④ 《退溪全书》上，《答南张甫》，第 368 页："然极之为义，非但极至之谓，须兼标准之义。"
⑤ 《退溪全书》上，《答李宏仲》，第 804 页。
⑥ 《退溪全书》上，《答李宏仲》，第 808 页。

> 无声臭、无方体、无内外、无情意、无计度、无造作。①

而且理没有生死、穷尽。② "无穷尽"是指不能成为"无"的意思。

> 无穷尽,何时而无耶?③

因为不能成为"无",所以李滉相信理具有实在性。

以理的实在性为前提,李滉认为理是"纯善"④、"有善无恶"⑤、"贵"⑥的。理不仅指善或当然的原则,而且理本身是纯善的、贵的。

(2) 气的意义与特性

气本来具体指"阴阳"。气是由事物的质形成的(气以成质),⑦这需要通过朱熹的解释来加以理解。

> 阴阳是气,五行是质,有这质所以做得事物出来。⑧
> 阳变阴合而生水火木金土。⑨

---

① 《退溪全书》下,《答郑子中别纸》,第161页。
② 《退溪全书》下,《答郑子中别纸》,第161页。
③ 《退溪全书》下,《答郑子中别纸》,第161页。
④ 《退溪全书》上,《论四端七情书》,第406页。
⑤ 《退溪全书》上,《与洪应吉》,第349页。
⑥ 《退溪全书》上,《答朴泽之》,第335页。
⑦ 《退溪全书》上,《答李宏仲》,第804页。
⑧ 《朱子语类》,卷一,第808页。
⑨ 《朱子语类》,卷九十四,第3页。

质具体来说是"五行",是构成事物的要素。质从根本上来说是阴阳之气。气有"轻、清、粹"和"重、浊、驳"两种类型,前者为"气运",后者则是"质"。在这一点上,有时只使用气和质两者中的一个词来表示相同的意思,有时也会合并使用"气质"一词。简而言之,现象的事物是由质(五行)构成的;严谨地说,则现象的事物是由气(阴阳)构成的。在这个意义上,可以说气是指事物的质料(matter 或 Materie)。

李滉主张说,在鸢飞鱼跃的例子中,气也可以表示"其飞其跃"①。由此可以说,气是指事物的现象本身(the phenomenon itself, 或 das Phänomen selbst)。气的特性表现为"形而下"②。形而下是指可以直接感觉、可体验的性质,即事物具体的、现象的性质。形而下的气除了具有前面所说的"轻重、清浊、粹驳"性质外,还具有"聚散、屈伸、至归"的性质,③ 以及"生灭"的性质。④ 李滉用一句话概括了气的这种特性,称之为"有为、有欲"。⑤

气有为、有欲,因而会产生恶的现象。李滉主张说,恶是心发时"气掩而理隐"所造成的。⑥ 也就是说,恶是由于气导致理不能体现出所当然的价值性而造成的。在这一点上,气本身虽然不是恶的,但恶的现象却是因为气而产生的。气由于具有有为性、有欲性,因而存在导致恶的现象的可能性。李滉说气比理"贱",⑦ 似乎就是出于这个原因。

---

① 《退溪全书》上,《答侨侄问目》,第899页。
② 《退溪全书》上,《答李宏仲》,第808页。
③ 《退溪全书》上,《答南时甫》,第364页;《退溪全书》上,《答郑子中》,第601页。
④ 《退溪全书》下,《答郑子中别纸》,第161页。
⑤ 《退溪全书》上,《与朴泽之》,第335页。
⑥ 《退溪全书》上,《答郑子中别纸》,第600页:"气掩而理隐,则恶耳。"
⑦ 《退溪全书》上,《与朴泽之》,第335页。

(3) 理气的关系

李滉根据朱熹的说法①解释了理和气的相互关系。李滉如是说道:

> 才物上看，则二物浑沦，不可分开各在一处。②

李滉主张说，理和气合而为物（理气合而命物）。意思是说，现象的事物是由理和气组成的。理和气只是构成事物的一个要素，而不是可以各自单独存在的具体事物。因此，理和气实际上是不可分开的。如果说各自分开，那并不是说从观察上、事实上的分开，而不过是一个概念上的区别。李滉称理气的关系是"天下无无理之气，无无气之理"③。而且，只有在有气的情况下，理才会有实际所在之处，李滉把这种情况表述为气是理的"天地材具"。④ 换句话说，作为普遍性的理的存在，实际上是通过现象的气来体现其存在性，而气只有所以然的理存在才能存在。这种相互关系就是"事物的理气关系"。这无疑是说明理气是相对的概念。

关于理和气的关系，李滉还曾如是说道：

> 在理上看，则虽未有物，而已有物之理，然亦但有其理而已，未尝实有是物也。⑤

现象性事物的存在实际上是气的存在。从这一点看，物也可以

---

① 李滉引用的是朱熹的《答刘叔文》。
② 《退溪全书》上，《非理气为一物辨证》，第921页。
③ 《退溪全书》上，《答李宏仲问目》，第816页。
④ 《退溪全书》上，《答李达李天机》，第354页。
⑤ 《退溪全书》上，《非理气为一物辨证》，第921页。

用气来代替。这样看来这个陈述与朱熹的说法是一样的。

> 有是理后生是气。①
> 此本无先后之可言,然必欲推其所从来,则须说先有是理。②

这句话的意思就是,如果从道理或逻辑上来看(在理上看),理在有气之前可能存在,但没有理则不可能有气。这就是以原因和理由先于结果和归结的思考为基础,假设理是气的所以然即理气可以分开,说明了所以然之理只能先于气,而气不能先于理的逻辑关系。这些都是李滉对理气的基本思考。通过这样的理气概念,他将自己的所有哲学思想理论化。但是,理气概念因为自身的根本矛盾而存在诸多问题,这些问题最终在具体的理论化过程中暴露出来。后文我们将具体探讨他的哲学理论以及其中暴露出来的理气概念存在的问题。下面,我们将先分析李滉理气论的立场是什么。

2. 李滉理气说的立场

从李滉撰写《非理气为一物辨证》一文,充分可见他坚持理气二元论的事实。李滉理气说的立场通常与徐敬德(1489—1546年)的理气说做比较。因此,了解徐敬德的理气观并进行比较研究,成为了解李滉理气说立场的一种方法。

徐敬德以提出"气外无理"的观点而闻名,他如是说道:

> 气外无理,理者气之宰也。所谓宰,非自外来而宰之。

---

① 《朱子语类》卷一,《理气(德明录)》。
② 《朱子语类》卷一,《理气(人杰录)》。

指其气之用事，能不失所以然之正者而谓之宰。①

徐敬德认为，理不是气的所以然或主宰者，只是气作为的秩序或条理而已。理不是与气相对的，不会导致气的生成，而是随着气的生成现象而表现出来的，因而被认为是属于气。徐敬德说"气外无理"就是这个意思。也是从这个意义上，徐敬德的理气说通常被称为"唯气说"。按照徐敬德的想法，形成现象事物，这世界存在的只有"气"。

因为理不是气作为的原因或理由，所以即使是从理论上说理先于气，对于徐敬德而言也是不可接受的。

若曰理先于气，则是气有始也。②
无始也，无生也。既无始何所终，既无生何所灭？③

如果说理先于气，以气的有限性为前提是可能的。徐敬德否认了这一观点，认为，"若曰理先于气，则是气有始也"。气没有生灭，所以没有始终，只是无限时间里的一气。因而，徐敬德的气说也被称作"一气恒存说"④。一气恒存的唯气说，就是徐敬德的理气说立场。

李滉反对徐敬德的理气观，他强烈批判和排斥徐敬德的观点：

因思花潭公所见，于气数一边路熟，其为说未免认理为气，亦或有指气为理者。故今诸子亦或狃于其说，必欲

---

① 《花潭集》卷二，《理气说》。
② 《花潭集》卷二，《理气说》。
③ 《花潭集》卷二，《太虚说》。
④ 有时也称作"一气长存说"。

以气为亘古今常存不灭之物，不知不觉之顷，已陷于释氏之见……。①

为了便于理解李滉这个批评的观点，首先来看一下李滉本来的看法。李滉认为，气并不是恒存的。他主张说，"理动则气随而生"②，以此论述气的生。③ 因为气是有生灭的，所以气有始有终。李滉认为气的存在是有限的，如果说有无限的东西，那不是气，而是理。李滉认为的理气的存在如下引文所述：

> 盖理本无有无，而犹有以有无言者。若气则至而伸，聚而形为有，反而归，散而灭为无，安得谓无有无耶？……气之散也，自然消尽而泯灭。④
> 至于理，则无声臭，无方体，无穷尽，何时而无耶？⑤

理和气分别属于形而上、形而下的性质，所以其有无的存在性各不相同。理的有无是概念性的、抽象性的，而气的有无是具体的（形而下）。首先，气的有无根据气本身具有的"至归、屈伸、聚散、生灭"的特性而决定。"至、伸、聚、生"产生形，成为有；"归、屈、散、灭"则消尽，变成无。但是其中"至归、屈伸、聚散"是针对已经存在的事物而言，即已经处于"有"状态的存在，只不过是改变了其存在的形态而已。因此，只有生灭是决定气有无的根本特性。气生则有，灭则无，这是气的根本性存在。气的存在

---

① 《退溪全书》上，《答南时甫》，第364页
② 《退溪全书》上，《答郑子中别纸》，第608页。
③ 第四节中有详细论述。
④ 《退溪全书》上，《答郑子中》，第601页。
⑤ 《退溪全书》上，《答郑子中别纸》，第161页。

取决于生灭性。但以理来说,因为没有"声音和气味""方体"等,所以不能具体存在;因为没有"穷尽",所以不会成为"无"。理没有生灭,不会成为无,因为不能成为无,所以理是"恒存"的。李滉认为,如果有恒存的东西,一定是理,而不是气,由此批判徐敬德所说的"恒存之气"是以气为理。

由此可见,李滉反对徐敬德的"气一元论",并认为理与气对立,同时理作为气作为的原因和理由先于气,坚持自己的"理气二元论"。尤其是与气对立的理,并不是单纯在理论上先于气,而且不同于有限的气,是永远存在的实在(reality 或 Realität),可见李滉的理气观确实是"理优先论的理气二元论"。虽然后文还会论述到这一点,李滉强烈主张"理动""理到""理发"等观点。① 此外,李滉还以理的实在性为基础,提出"气易流于恶而理纯善"和"气贱而理贵"等观点,可见他的理优先论一直贯彻到价值层面,体现了他的理气论的特点。由此可以说,理优先论的理气二元论就是李滉理气说的立场。

下面,我们来看一下具体的哲学问题。

四、事实论的基础

1. 人类的存在②

(1) 气的散灭与人类的有限性

李滉所说的伦理行为(义理之行)的最终指向目标是"天人合

---

① 关于"理动""理到"的观点在第四节"事实论基础"进行论述;关于"理发"的观点在第六节"心性论的展开"进行论述。
② 作者曾在《退溪关于气的存在问题》(载《闵泰植博士古稀论集》)一文中论述这部分内容。

一",其内容是指人的行为与自然秩序相一致,并通过必然理和当然理的一致来说明这一点。那么在对李滉的这一价值观本身进行深入探讨之前,首先应先对其价值所适用的"人"和"自然"进行事实的、非价值性考察(factual, non-valuable investigation 或 tatsächliche, unwertige Betrachtung)。作为行为主体的人是怎样的存在,与之对应的人是什么样的呢?如果按照李滉的观点,所有哲学问题都由理气概念而来,那么如何从理气论角度来理解人与自然呢?首先了解一下李滉关于人类存在的事实性(非价值性)观点。

李滉认为,无论哪一种现象事物,都是由理和气构成的(理气合而命物),所以人类当然也是由理和气构成的。因此,人类的存在问题无疑是根据理气的存在性来解释的问题。在理和气中,形成现象性存在的是"气",因此,这个问题尤其需要从"气的存在性"入手进行探讨。

如前所述,气具有"生"以及"灭尽"的性质,那么由气构成的人类是否也是与气的灭尽(死灭)一起(至少在现象上)消失灭尽的存在呢?李滉如是说道:

> 故人死之鬼,其初不至遽亡,其亡有渐……以眼前事物言之,火既灭,炉中犹有熏热,久而方尽;夏月日既落,余炎犹在,至夜阴盛而方歇:皆一理也。但无久而恒存,亦无将已屈之气,为方伸之气耳。①
>
> 然滉前以为,气散既无,近来细思,此亦偏而未尽,凡阴阳往来消息,莫不有渐。至而伸,反而屈,皆然也。②

---

① 《退溪全书》上,《答南时甫》,第 365 页。
② 《退溪全书》上,《答南时甫》,第 364 页。

李滉也和其他性理学者一样,相信人死后首先会变成"鬼",而"鬼"归根结底是气。李滉认为,气的灭尽不是瞬间发生的,而是慢慢地逐渐发生的。也就是,不是"顿尽",而是"渐尽"(只是李滉没有对这种灭尽是如何发生的做进一步的理论解释)。鬼也是气,它就像火炉的热气和夏日的炎热慢慢消退一样,随着时间的流逝慢慢消失。人死后会有一段时间做鬼,但鬼也不是永存的。因此,他不能接受"永生"和"轮回转生"等观点。

(2) 死亡与现象的消失灭尽

李滉对"永生""轮回转生"等的看法,可在如下引文中窥见一斑:

> 释氏不知性之为理,而以所谓精灵神识者当之,谓死而不亡,去而复来,则安有是理耶?①

李滉认为,佛教以"精灵神识"之说主张永生即轮回转生,是因为佛教不懂性即理的道理。如果说有永远不灭的东西,那只能是"理",而不可能是"精灵神识"。可见,李滉把佛教所讲的"精灵神识"看作是一种气,因为气是有限的,所以否定了轮回转生的观点。他还特别反驳说,精灵神识不可能成为理。

> 若精神魂魄之异名,皆就人身上指阴阳而对言之,阴为精,阳为神,阳之神为魂,阴之神为魄,所以不得不异其名也。②

---

① 《退溪全书》上,《答郑子中别纸》,第 161 页。
② 《退溪全书》上,《论李仲虎碣文示金而精别纸》,第 689 页。

李滉以多种方式论述"神"。例如，他称"无方之神"等是"在天之神"，解释为"理乘气出入之神"。① 也就是把神解释为几乎与理一样。但就人而言，精是阴气，神是阳气。精神、魂魄都不过是阴阳之气，因此李滉所理解的精神、魂魄等"神识"都不能脱离气的范畴，并由此推论出不可能永生和轮回转世的主张。精灵也同样如此。儒学认为，情与神都意味着气，即使加上精灵，也还是表示"精魂"的意思，也不过是气而已。《周易》中的"阴阳精灵之气"② 就表示这个含义。既然"精灵"是气，李滉自然就不能承认气能永生、轮回转生。

即使是单独使用"灵"一词，李滉认为，那也不过是气的特性。

> 然朱子以屈中又有伸，为鬼之有灵，非必谓鬼以既屈之气，转回来形现为灵也。但言方屈之气而亦有灵，其灵处谓之屈中之伸，可也云尔。③

李滉与朱熹一样，从灵妙的含义上称气的屈伸为"灵"。因此，他所说的"灵"的概念只不过是气所具有的一种"屈伸作用的特性"，并没有"不灭的灵鬼"（the immortal soul 或 die unsterbiche Seele）的意思。

那么，为什么要祭祀死者的"鬼神"呢？祭祀时魂魄是什么样的存在呢？

> 鬼神要有便有要无便无，亦非谓弄得有无也。正与有

---

① 《退溪全书》上，《论李仲虎碣文示金而精别纸》，第689页。
② 《周易·系辞上传》第4章中，孔颖达论述"精气为物，游魂为变，是故，知鬼神之情状"的疏。
③ 《退溪全书》上，《答南时甫》，第364页。

其诚则有其神,无其诚则无其神之意同。……今行得一祭,因吾诚敬之至不至,而神之歆不歆系焉。①

　　古者事死如事生,事亡如事存,非谓无其理而姑设此以慰孝子之心,理正如此故也。②

祭祀时"鬼神"存在与否,只取决于祭祀者的心(心理)。根据祭祀者的"诚敬之心"至诚与否,决定鬼神是否来歆飨。在这一点上,李滉认为孔子说"事死如事生"并不是说祭祀单纯为了慰藉孝子之心,从道理上看,只有至诚,鬼神才会降临。祭祀作为一种义理之行,其意义在于是否有"存心"和"诚敬之心"。像这样将祭祀的意义归结为有无诚敬之心,可见李滉不仅不承认有不灭的鬼,甚至连鬼的存在本身也不太承认。

总而言之,李滉认为,人一旦死亡,形成人体的"气"暂时会变成鬼神的形态继续存在,但最终会化为乌有,人只是"有限的存在"。作为有限的存在而能够有所行为并追求义理之行的就是人。那么,形成人类生活的基础,同时从自然原理角度上作为人类行为标准的宇宙是如何定义的呢?

1. 宇宙的生成③

(1) 理动与气的生成

李滉认为,宇宙也是现象事物的总和,因此,与人的情况类似,也是由理气,特别是气而得以存在的。但不同之处在于,人是事物

---

① 《退溪全书》上,《答吴子强问目》,第769页。
② 《退溪全书》上,《答南时甫》,第365页。
③ 本节是在作者发表的《退溪的太极生两仪》(《亚细亚研究》35号)一文基础上概括而成。详细内容可参考该论文。

个体，而宇宙是万物的总体。因此，从理论上讲，宇宙实际上是"气的总体"。

如果按照李滉的主张，气有生灭，那么具体是怎么实现的呢？如果气有生灭，那么可以说现存的气是由比它早的气所生的。如此追溯气的生成，则可以达到始源的气的原始生成。气的原始生成就是宇宙的初始，即所谓"宇宙开辟"。那么，原始的气的生成是如何实现的呢？通过李滉对原始的气的生成的解释，首先来了解宇宙的开辟。

李滉认为存在原始的气作为始源，并将这种原始的气的生成称为"开辟之始"或"一元之气之生"。①《周易》及《太极图说》中所说的"阴阳"（确切地说是阳）就是"一元之气"。

李滉认为，一元之气即阴阳由"太极"而生。先行、先在于"一元之气"存在的就是作为理的"太极"，太极与阴阳之间是"能生者"与"所生"的关系。他称阴阳是太极的所生，太极是阴阳的能生者。

> 孔子曰，易有太极，是生两仪。周子曰，太极动而生阳，静而生阴。又曰，无极之真，二五之精，妙合而凝。今按孔子、周子明言，阴阳是太极所生。若曰，理气本一物，则太极即是两仪，安有能生者乎？②

由此看来，李滉相信《周易》等的"太极生阴阳"的说法。只是在这段引文中，他究竟是认为太极直接生阴阳，还是间接生阴阳，尚不清楚。如果认为是太极直接生阴阳，则是同生同的意思，导致

---

① 《退溪全书》上，《答郑子中别纸》，第604页。
② 《退溪全书》上，《非理气为一物辨证》，第921页。

"理气同质"的结果,这将从根本上动摇理气二元论。

李滉的如下文字解答了这一点。

> 盖理动则气随而生……濂溪云,太极动而生阳,是言理动而气生也。①

李滉以自己提出"理动则气随而生"观点为前提,接受了《太极图说》中"太极动而生阳"的说法。因此,李滉认为一元之气的生成是"太极动而阳随生"。这就是李滉的"宇宙开辟说"。"阳随而生",可见李滉似乎认为阳生是太极间接形成的。因此,至少在这一点上避免了若直接生成则会产生"理气同质化"的问题。尤其是在出现"理气交感"问题时,李滉解释说"交感当以二气言,不当以理字兼言"②,确实避免了出现"理气同质化"的问题。

但即便如此,问题仍然存在。如果说太极即理,那么无作为的形而上的理是如何动的呢?如果说理实际上离不开气,那么理怎么能独自先于气?如果说动,那不应是气吗?是不是理先在和理动的观点本身就导致了理气概念的混乱呢?

(2) 理的体用

李滉可以应对这一难点的理论就是对理的"适用体用论"。

> 盖无情意云云,本然之体,能发能生,至妙之用也。……理自有用,故自然而生阳生阴也。③

---

① 《退溪全书》上,《答郑子中别纸》,第608页。
② 《退溪全书》上,《答李达李天机》,第354页。
③ 《退溪全书》上,《答李公浩问目》,第889页。

静的特性是指理体的层面，动的特性是理用的层面。李滉的观点是即使理动，也不会失去理的本性，所以理气不会混淆。

对理的体用的论述实际上是从"理动"问题之前开始的，① 所以应首先了解本来的体用说。李球（莲坊, ?—1573 年）从"体起于象，用起于动"② 的意义上认为，体用只有形象，只存在具有动静的气的世界里。但李滉对此持反对态度，认为体用不仅适用于气，而且也可以适用于理。

李滉认为，体用分就事物而言和就道理而言。就事物而言的体用，以"舟可行水，车可行陆，而舟车之行水行陆"③为例，船可以在水里划行，车能在地上行驶，这种"可能性的原理"称为体；船和车在水里和陆地上实际行走，这种"原理的实现"称为用。这是就事物而言的气的体用。另一方面，就道理而言（形而上）的体用，以"冲漠无朕，而万象森然已具"④ 为例，源自程颐解释理时的例子，⑤ 其中"冲漠无朕"是体，"万象森然已具"是用。这是就道理而言的理的体用。

"冲漠无朕"是指超越感觉的某种虚空状态，即所谓的"无"的状态，是形式上定义理概念的表现。另一方面，"万象森然已具"不是指万象本身已经具备，而是"生成一切事物的原理已经具备"。自朱熹以来，用"太极"一词代替"理"，即"总天地万物之理，便是太极"，太极就是理概念的内容。所以，李滉最终将太极这一理

---

① "理气说"成熟于李滉晚年（70 岁）。他在 64 岁时就已撰写《心无体用辩》一文，论述理的体用。
② 《退溪全书》上，《心无体用辩》，第 918 页。
③ 《退溪全书》上，《心无体用辩》，第 918 页。
④ 《退溪全书》上，《心无体用辩》，第 918 页。
⑤ 《二程遗书》卷十八："冲漠无朕，万象森然已具，未应不是先，已应不是后。如百尺之木，自根本至枝叶，皆是一贯，不可道上面一段事，无形无兆，却待人旋安排引入来教入涂辙。既是涂辙，却只是一个涂辙。"

概念的形式规定称为理体,气内容规定称为理用。

但值得注意的是,被称为"理用"的太极的意义内容,不同于理的一般性意义内容。李滉已然相信理本身的实在性,就不能将太极视为与其他理一样单纯是"可以生成事物的可能性"的理。太极的意思是"所有事物的理就内在于其本身",是一种"实在的理的总和"。由此看来,"太极"被理解为"冲漠无朕"("无"的状态),同时也被理解为"万象已具"(理的总和),李滉把前者称为理体,后者称为理用。

李滉早前曾认为理气分开只在逻辑上是可能的,在实际(事物上)是不可能的,但由于是以理的实在性为前提的,所以李滉此时认为即使在没有产生一元之气的情况下(与气分开),太极之理也可以独自存在。不仅如此,李滉还认为理不仅是生成所有事物的原理,同时也是原因。

> 此理极尊无对,命物不命于物故也。①

"命"一词可以有多种解释,但就事物而言可以解释为"原因(所以然)"的意思。李滉认为,理是一切事物乃至气的原因,一定是先行而不是后行的结果。可以说,这种观点最终得出了太极这一终极之理先于一元之气的理由。太极的动是理的独尊、先在特性之外的又一个特性。李滉之前曾将体用论应用于理,所以他认为,即使是说理的动,也毕竟是作为理用的动,所以理终究是与形而下的气是不同的。

但是,李滉关于理的体用说还不能说完全克服了理论上的缺陷。首先,为了使理(道理上)的体用与事物上的体用具有相同的性质,

---

① 《退溪全书》上,《答李达李天机》,第354页。

理的体用或事物上的体用应该都是一定的"作为可能性的原理及其实现"的关系，但事实并非如此。冲漠无朕和万象已具的关系并不是船的原理与船漂流水面上这一事实之间的关系。冲漠无朕其实不过是体现了万象已具的形而上的特性而已。其次，李滉自己也称理是"体用一源"①，因而就很难从根源上区分体和用。如果很难区分理和用，那么主张这种区分本身就是毫无意义的事情。李滉不顾这些难点而坚持"理动"的观点，让我们切实感受到他的理优先论态度。而且，这种态度中蕴含着一定的（非事实性的、价值论的）意义。

总之，如果按照李滉的观点，理动而气随生所形成的是宇宙，那么如何解释宇宙的存在呢？宇宙也和人类一样是有限的存在吗？

(3) 宇宙的存在

李滉如是说道：

> 朱子尝曰："气之已散者，既化而无有矣，而根于理而日生者，固浩然而无穷。"既曰，日生而无穷，则其日运而不穷，可知矣。②

正如朱熹所说，虽然气会散灭而化为乌有，但"气的生成现象"则是无穷无尽。气的生成现象之所以能无穷无尽永远持续下去，是因为"气生"从根本上是"基于理，或者理是原因"的。也就是说，李滉认为，理本身是没有生灭的永恒存在，因此基于理的气的生成现象也只能是永恒的。李滉立足于理的实在性，主张气生成的无限，即宇宙存在的无限。人类作为个体的现象事物的存在是有限

---

① 《退溪全书》上，《心无体用辩》，第918页："遗却形而上，冲漠无朕，体用一源之妙。"

② 《退溪全书》上，《答郑子中别纸》，第608页。

的，但作为事物总体的宇宙的存在是无限的，这就是李滉的宇宙观。

宇宙观是一种自然观。从一气的观点来看，宇宙观可以说是自然观。李滉相信无限永续的宇宙，从东方自然观的传统来看，意味着他在追求"与自然合一"方面具备了稳定的思想基础。宇宙是无限的观念为李滉采取更加积极的态度追求与自然的合一，奠定了思想基础。也就是通过追求与自然合一，建立了可以把有限的人生转化成无限永生的思想基础。

但是，无论李滉认为宇宙有多无穷，既然主张本然之气是源于"理"，那么他的宇宙观在理气论上最终还是要从理优先论的方向去理解。在这一点上，李滉的"与自然合一"思想在内容上不能不低于"与理合一"的思想层次。因此，李滉的天人合一思想至少在逻辑上"与天理合一"的意义比"与自然合一"的意义更强烈。这里体现了李滉观念论的理实在论的哲学特色。

仅凭以上对"人"和"宇宙"的考察，是否可以充分体现出来李滉价值观的事实基础呢？李滉主张的"义理之行"需要"知行并进"，那么，他对伦理知识等所有知识的观点，即所谓认知论的观点就是他价值观的一个基础。尤其是他所追求的真理即"理"不仅是规范法则和当为的原理，同时也表示与必然的自然规律相一致，所以我们必须要了解一下李滉是如何认识"理"的。

3. 对理的认识

（1）格物说

儒学中称揭示一切事实及事物之理的认知行为为"穷理"或"格物"。但是，"穷理"和"格物"这两个用语在使用时存在细微的差别。正如李滉所说"程朱之兴,以居敬穷理两言,为万世立大训"①,"穷理"随着性理学的兴起,更加强烈地体现出程朱学在广义上的追求客观知识的含义,而"格物"是指无论是否是主客的态度(有时甚至包含有阳明学的正心态度②),更多体现出狭义上的认识论省察的含义。穷理源自《周易》③,而格物源自《大学》④,出处的差异也是不同点之一。但在"明理"的意义上,二者并无二致。

李滉认为这两个词语表示同样的含义,只是他的认识论省察是以《大学》的格物说为基础建立的,所以"格物"比"穷理"一词用得更多。李滉直到去世前一个月仍在研究格物说,格物说对李滉而言可谓是"问题中的问题"。

李滉之所以用"格物"一词来指"对事物的理的认知行为",是因为他和程朱一样,把"格"解释为"至",把"物"解释为"事",认为作为主体的"我"探究事物的理,并最终通达其物理就是"格物"。⑤ 作为探究事物的理的主体,"我"当然是指我的"心"。由此,要研究李滉的认识论,首先要从了解他对"心"的观点开始。

(2) 心的机能性特征

李滉认为,心也是"由理和气组成的"。⑥ 从李滉的理气说来看,只要提到理气之合,首先会想到某种具体的事物,即物体。考虑到过去人们通常认为"心脏"是心,这种想象就更有可能了。但

---

① 《退溪全书》下,《自省录·答南时甫》,第153页。
② 王守仁把格解释为正,把物解释为事,认为格物就是正心之事,因为他相信心中存有良志、良能。
③ 《周易·说卦传》:"穷理尽性,以至于命。"
④ 《大学》,第一章:"致知在格物。"
⑤ 参见李滉:《大学释义》。
⑥ 《退溪全书》上,《答郑子中讲目》,第600页:"心理气之合,合理气为心也。"

从李滉的"不可只认一块血肉之为心也"①观点来看,暂时可以消除这种疑虑。李滉认为,"此非心也,乃心之神明升降之舍"。②

李滉如是解释道:

> 且凡言心,固皆主方寸而言,然其体其用,满腔子而弥六合。③

如上,心本身不是指肉体而言,只是以肉体(腔子)为场所,充满整个身体和宇宙(六合)。这样的东西叫什么才合适呢?这是与肉体相对的神明,即"意识"或"意识作用"。意识是源自自我的能力,可以认识我以及宇宙的事物。

李滉称这样的心是"一身主宰"。

> 夫兼体用,该动静,为一身主宰,而如环无端,反复不已者,心之为也。④

心兼体用,既有"寂然不动(静)"的体的一面,也有"感而遂通(动)"的用的一面,⑤心的这种机能可以概括为"一身主宰"。也许有人会说,"一身主宰"是指身体的各个器官有机地、统一地发挥作用,使个体能够顺畅活动。但李滉所说的一身主宰不应从生物学角度来看,而是应从统领个人,使一个人能够做出有意志的、有选择的行为的角度来看待。这是可以调节一切事物的意志、欲求等,

---

① 《退溪全书》上,《答金而精》,第680页。
② 《退溪全书》上,《答金而精》,第680页。
③ 《退溪全书》上,《答金而精》,第680页。
④ 《退溪全书》上,《答卢伊斋别纸》,第294页。
⑤ 此处借用了《周易》的表述。此外,李滉还曾借用《中庸》里的"未发""已发"表述来表达心的作用,并按照孟子的说法表述为"性""情"。

决定一个人的行为，从而实现一定的生活。① 心就是指这种能力，或发挥这种能力的一般意识现象。

由此，我们看一下心的理气所具有的意义。首先，心不是指血肉，所以气也不是指血肉的意思。心以血肉为场所，只是表示体现出血肉的某种性质而已。从气具有"有为、有欲"的性质来看，此时的气是指由于心的作用而经历的有为层面，尤其表现出肉欲（本能）的感觉层面。事实上，自程朱以来，心一直被认为是"理气之合，统摄性情"②。就心而言，理即"性"，气即"情"。情是心的用，表现为动的、有为的一面，同时也包含感性、情绪的意义。与气表现本能、情绪等感性意义相反，理作为本性，一直是气作为的标准。

> 《定性书》曰，人之心易发而难制者，惟怒为甚，第能于怒时遽忘其怒，而观理之是非，亦可见外诱之不足恶云云。夫所谓易发而难制者，是为理耶，为气耶？……惟其气发，故云忘怒而观理，是乃以理御气之谓也。③

如上，当怒气爆发时，遏制怒气并防止怒气导致恶劣的后果，是因为理所具有的是非的所当然性。李滉称之为以理御气的作为。由此可见，心的理是指理性层面的意义。李滉称以理为主而言的心

---

① 心之主宰的机能简单说就是"意"，即"心发为意"。李滉如是解释意的含义："志意，朱子曰，志是心之所之，一直去底，意又是志之经营往来底，亦主张要恁地……如公之不计艰险，作此远游，志也。此心随事发，一念要如何为之，意也。""因情之发，而经营计度，主张要如此，主张要如彼者，意也。"（《退溪全书》上，《答金而精》，第684页）

② 《退溪全书》上，《答郑子仲讲目》，第600页。

③ 《退溪全书》上，《答齐明彦》，第402页。

是"道心",以气为主而言的心是"人心"。① 一身主宰就是以理御气,即道心统御人心,这就是心的机能。在心的主宰机能作用下,义理之行自然成为可能。

但就心而言,理和气并不总是对立的概念。理和气相互协调是心的一个独特特性,这就是心的虚灵性。

> 心虽主乎一身,其体之虚灵,足以管乎天下之理。②

心作为一身之主宰,之所以能认识一切事物之理,是因为心有"虚灵"的特性。虚灵性与"神明"的性质相同。心有神明、虚灵性,所以心具有"满腔子""弥六合""管天下"等认识作用。李滉用"知觉"一词来表示这种虚灵性所产生的认识。

> 理集合而为心,有如许虚灵不测,故事物才来,便能知觉。③

表示认识能力的"虚灵"一词,如引文所述,也被称作"虚灵不测"或"虚灵不昧",④ 不测、不昧是指虚灵表现出来的结果状态,是被认知的状态,与无知、无明相对。虚是指能够积累知识的能力,灵是指能够穷究事物之理的(作为)能力。由于虚和灵的能力,所以可以实现不测、不昧的"知觉"状态。虚灵的能力也可以用理气来解释。虚是理的(形而上的)本性,灵是气的(有为的)本性。当然,

---

① 《退溪全书》上,《答洪胖》,第887页。李滉依据朱熹的说法,主张"人心固生于形气,道心固元于性命"。
② 《退溪全书》下,《论理气》,第702页。
③ 《退溪全书》上,《答郑子仲别纸》,第603页。
④ 《高峰文集》卷七,第26页。

这并不意味着理和气分开发挥其能力，而只是解释上的特性如此而已。李滉曾分别用理气解释虚灵，他甚至说如果这种方式引发理气分离的误解就会取消这个注解。① 为此，他还引用了朱熹的解释。

  理与气合，便能知觉。……所觉者心之理，能觉者气之灵。②

  知觉是理气合而形成的现象，理和气分别是知觉的"所觉者"和"能觉者"。所以，理和气相互协调形成了认识，其认识能力是心的独特特性。针对具有心的能力并能认识理，朱熹曾说过："理虽在物，而用实在心。"③ 李滉则说，"穷理者，须先知此义之如何"④，强调要发挥心具有的虚灵的认知能力。

  但是李滉并没有详细说明这种能力具体是如何发挥出来，进而认识事物及事物之理的。他对这一点的看法只能从他的格物说，尤其是格物注解说中间接寻找。

（3）格物注解

  李滉注解格物说的对象是《大学》八条目中的"格物"及其注"欲其极处无不到也"，"物格"及其注"物理之极处无不到也"，以及"补亡章"中的"众物之表里精粗无不到"。⑤

  当时对这些问题的注释中，李滉自己认为是妥当的。

---

① 《退溪全书》上，《答齐明彦》，第421页。
② 《退溪全书》上，《答郑子仲别纸》，第603页。
③ 《大学或问》，补亡章小注。
④ 《退溪全书》下，《论理气》，第702页。
⑤ 《退溪全书》上，《答郑子中（格物物格俗说辩疑）》，第627页。

格物（物을乙함이格乎麻是）注，欲其极处（에厓），无不到也。

物格（物에厓함格为隐）注，物理之极处（에이厓是），无不到也。

格字，有穷而至之义，格物重在穷字，故云物（을乙）格（함이乎麻是）。

物格重在至字。故云物（에厓）格（함은为隐），一说物理之极处（가是），亦通。补亡章，众物之表里精粗（가是），无不到。①

如引文所示，看似一个很简单的问题，但实际上这个问题受到陆王派学者，甚至受到程朱派学者的众多指责，引发了争议。对表示"穷究事物"的"格物"和表示"穷究之后"的"物格"，应该如何通过添加词尾来加以解释，这既需要对表面语法的理解，也需要对根源性事物认识的理解。

在这一注解中，最有争议的是对"物格"及其注的解释。按照李滉的说法，当时反对物格注的解释（物理之极处｛에厓·가是｝无不到）的学者分为两类。第一类学者是相信"理本在我心，理和我没有彼此之分"的人。他们认为，如果在"物理之极处"后面加上"에（厓）"或"가（是）"词尾（即解释为"我到了物理之极处"或"物理之极处向我到来"），理和我就会分为彼此，是不正确的。② 针对这个质疑，李滉解释道：

---

① 《退溪全书》上，《答郑子中（格物物格俗说辩疑）》，第627页。
② 《退溪全书》上，《答郑子中（格物物格俗说辩疑）》，第627页："一谓，理本在吾心，非有彼此，若云（厓是），则是理与我为二而分彼此。"

> 以理言之，固物我之间，内外精粗之分，若以事物言
> 之，凡天下事物，实皆在吾之外。何可以理一之故，遂谓
> 天下事物皆吾之内耶？①

理本身是无情意、无方体的形而上者，所以不可能有物我、内外、精粗之分。而且所有事物都是由一个终极的太极之理构成的，所以所有事物都拥有一个太极之理。太极与个别事物的理的这一关系，就是性理学所说的"理一分殊"关系。所有事物都是一理，从理的角度上是不可能有物我区别的。但是在经验的、事实的世界里，物我是分开的，每个事物都有每个事物的理，所以人总是从二分关系中寻求事物之理。既然物我彼此是分开的，那么无论是加上"에"还是"가"词尾，都没有丝毫不妥。

另一类学者则是认为"物格"是一种"众理融汇后"的"知至"。他们认为，如果在"物理之极处"后面加上"에（厓）"词尾的方式来解释物格的注，就会产生主宾（主客），导致已经融汇的众理无法完全体现出功效性。他们主张，应该在"物理之极处"后边加上"가（是）"词尾。②但李滉并不认为物格是"众理融汇后"的"知至"。他主张，物格只是格物之后"众理融汇之前"的情况，所以就应该加上表示有主宾的"에（厓）"词尾。③

在这种情况下，李滉自己说加上"가（是）"词尾也是可以的，其原因是什么呢？按照李滉的说法，当时有一些学者解释说物理可

---

① 《退溪全书》上，《答郑子中（格物物格俗说辩疑）》，第627页。

② 《退溪全书》上，《答郑子中（格物物格俗说辩疑）》，第627页："一谓功效，注若云（厓是）则是涉工夫着力，故不可也。……至于物格功效，则物理之极处，悉皆已至，乃是众理融会之后，若云（厓是）则语有主宾，似若方做逐件工夫，又似有着力意思，为不可。故须曰极处（是），乃见其融会之妙，无容力之效矣。"

③ 《退溪全书》上，《答郑子中（格物物格俗说辩疑）》，第627页："是亦然，众理融会，乃是知至之事，不当言于物格之效，况语有主宾，亦理势自然，何可避也。"

以自行到达我心。这些坚持所谓"理自到说"的学者，① 他们以理自到说为基础，在物格的注中加上了"가（是）"词尾。② 但是李滉说加上"가（是）"词尾也是可以的，并不是和理自到说学者一样认为"物理之极处没有不能到达我心之处"，他只是认为从"众理之极处无所不至"意义上，加上"가（是）"词尾也是可以的。李滉认为，理自到说学者所说的"가（是）"词尾存在将物理强行拽向我心（牵拽向里之病）的弊端，是不恰当的，③ 但自己的解释中就没有这样的弊端。

这种解释最初出自申光汉（骆峰），例如在读完一卷书后，指着书的最后一页说，"从头到尾（가）没有没读完的地方"。从这个意义上说，极处乃至物理都以存在于事物本身为前提，所以不存在牵拽物理的弊端。

李滉最终提出了自己的修正解释，认为可以以此结束围绕物格注释而引发的争论。

物（마다麻多）格（한후에为隐后厓）……④

在物后面加上"마다"这个词尾，就可以明确在物后面不是加"에"也不是加"가"。李滉似乎认为以这种方式就可以平息争论。但从双方的角度来看，这是一个什么都不是的模糊的解释。因此，这一解释仍然是存在争议的问题。只是，比起这种解释本身，我们更关注的是这一解释中反映的李滉认识论的观点，所以考察重点放

---

① 老泉金湜和瓢道人朴光佑就是这类学者。李倬和骆峰申光汉等虽然主张加"是"词尾，但不属于"理自到说"派学者。当时还有部分学者将物格的注解释为"物之法度自至于法度"，据元太初所说，似乎是金植（金老泉）等提出的说法。
② 《退溪全书》上，《答郑子中（格物物格俗说辩疑）》，第629-630页。
③ 《退溪全书》上，《答郑子中（格物物格两注说尝闻见诸公语）》，第629页。
④ 《退溪全书》上，《答郑子中（格物物格俗说辩疑）》，第629页。

在其认识论上。

(4) 理发现说

从如上考察可见,李滉对事物的理的认识,就是在主客二分(物我二分)的状态下,人的心是由穷究事物的理而形成的。我的心可以通过穷究事物的理而知晓,这就是是虚灵之心的能力,即心的用。① 直到提出修订说为止,李滉仍然没有承认当时一些学者之间流传的所谓"理到说"。他一直认为穷理始终是"我"和"我的心",绝对不能接受"理到说"。但是,李滉最终改变了自己的看法,用自己提出的"理的体用"观点来理解这个问题,最终承认了"理到说"。关于这个问题,他在与齐大升论辩的结尾时如是写道:

> 前此滉所以坚执误说者,只知守朱子理无情意、无计度、无造作之说,以为我可以穷到物理之极处,理岂能自至于极处。故硬把物格之格,无不到之到,皆作己格己到看。……朱子曰,理必有用,何必又说是心之用乎。……则其用虽不外乎人心,而其所以为用之妙,实是理之发见者,随人心所至,而无所不到无所不尽。……然则方其言格物也,则固是言我穷至物理之极处,及其言物格也,则岂不可谓物理之极处,随吾所穷而无不到乎?是知无情意造作者,此理本然之体也。其随寓发见而无不到者,此理至神之用也。②

---

① 即便如此,李滉也不称"心到""我到"。(参考《大学释义》)
② 《退溪全书》上,《答齐明彦别纸》,第 464 - 465 页。

李滉改变了从前的看法，从理用的角度接受了理到说。此处需要注意的一点是，李滉虽然接受了理到说，但是有一个前提条件。他所接受的理到，并不是指事物的理自然而来，而是经过我的穷究而来。也就是"随吾所穷而无不到"和"随寓发见而无不到"。他还提醒说，"要担心我的物格不能至极，而不要担心理不能自到"。在物格问题上，必须是"我的穷究"先行，这个前提就是李滉接受理到说的底线。李滉曾提出说理的显现，即"盖理动则气随而生，气动则理随而显"①，也应该理解为以上相同的意思。

那么现在我们再回到正题，来了解一下被这样认识的"理"为什么是所当然和所以然相一致的意义、内容。首先研究分析理气一致论的宇宙论结构和依据，然后再探讨气心性论的依据。

五、宇宙论结构

1. 一般事物的理一致论

如前所述，李滉用"所当然"解释人的行为甚至车舟等事物的运行。他认为，车应该在地上走，船应该在水中行，这就是理。这是李滉的理一致论不仅适用于人，还适用于一般事物的典型例子。因而，可以从该理论应用于一般事物的研究中找到李滉理一致论的宇宙论结构。

因为李滉站在程颐的"性即理"立场上，所以"理"和"性"经常互换使用。他所说的理就是性的含义，性也可表示理的含义。而且，他认为所有现象事物都是由理气合而构成的，无论是什么事物都有其事物之理。所以李滉说，"一切事物都有其物性"。

---

① 《退溪全书》上，《答郑子中别纸》，第608页。

若于此看得通透，即知天下无无性之物。除是无物，方无此性。若有此物，即如来喻木烧为灰，人阴（阴，去声，瘗藏也，记阴为野土）为土，亦有此灰土之气，既有灰土之性。①

除非是不以现象出现的事物，只要是以气存在的事物，任何事物都有性。自《中庸》以来就称事物的理是"天命之谓性"，视理为先天的性，认为性存在于普遍现象事物中。即天命的先天之性不局限于人，而是扩大到适用于所有事物。

先天禀得的性是本性，所以这（也是义理之行的原理）不能不说是与"仁义礼智"相同的本性。关于本性是存在于人，还是也存于其他事物的讨论就是"人物性同异"的问题，这也是在李滉之后发生的所谓"湖洛争论"的原因。主张本性只存在于人类的一派是以韩元震（南塘，1682—1751年）为中心的湖派，主张其他一般事物也都有本性的一派是以李柬（巍岩，1677—1727年）为中心的洛派。李滉的观点正是引领洛派的观点。

李滉为什么认为事物与人一样都具有本性呢？所有事物都能具有本性的原因是什么呢？这大体需要从理的特性和理的意义内容两方面来解释。

言一理之均赋，则物物之中，莫不有天然自在之性，盖气虽自隔于物而有异，理不为气所囿而终无。②
元亨利贞，天道之常。仁义礼智，人性之纲。③
问，天命之义可得闻欤？曰，天即理也，而其德有四，

---

① 《退溪全书》上，《答李宏仲》，第809页。
② 《退溪全书》上，《答侨侄问目》，第897页。
③ 《退溪全书》上，《圣学十图·第三小学图》（小学题辞），第201页。

曰元亨利贞是也。……故当二五流行之际，此四者常寓于其中，而为命物之源。是以凡物受阴阳五行之气以为形者，莫不具元亨利贞之理以为性，其性之目有五，曰仁义礼智信。故四德五常，上下一理，未尝有闲于天人之分。然其所以有圣愚人物之异者，气为之也，非元亨利贞之本然。①

首先，理具有普遍的一般者的形而上的特性，因而不受气的约束。因为是与气不同性质而不拘泥于气，所以理可以存在于任何事物上。这就是本性存在于一切事物的原因。其次，"事物的理"和"人的理"在内容上并无根本区别。通常把事物以及自然所具有的原理即自然的本性称为"元亨利贞"（四德），人的本性称为"仁义礼智信"（五常），以此区别"天与人"，但形成人与自然的本来就是"一理"（上下一理）。所以，人的五常本身并不是与自然的四德不同的东西。当然，就人而言，确实存在圣人和愚人这样现象上的差异，因此，从这些现象来看，或许会指出事物与人本性上的差异。但这种现象上的差异只是由于气而产生的差异，而不是根本性的差异。换句话说，李滉认为，人与宇宙本来是一样的，构成宇宙的事物也和人一样的，三者都是以理为同一根源。②既然事物和人都是由同一理构成的，那么，如果承认由理而形成人的本性，就应该承认事物的本性。这是一切事物都有本性的另一个原因。

从李滉的上述观点来看，什么是最大的问题呢？在论者看来，最需要注意的是他所说的人的本性不过是"人性的一部分"。这样的说法会不会产生新的问题呢？

---

① 《退溪全书》下，《天命图说》，第140–141页。
② 事实上，李滉不承认的是西铭根据饶鲁（双峰）提出的"明人为天地之子"观点。

2. 两种类型的性与理

仁义礼智之本性是与食色之性相对而言的性。肉体具有的食色之性,同样体现在其他动物身上,因而不能说它是区别人与动物的性。相反,仁义礼智之性是根于心而不是源自肉欲,这才是人先天本具的,是区分人与其他动物的性。只有这种本性才能使人成为人,孟子曾提出要抛弃食色之性,只把这种本性看作人的性。性理学也继承了这种本来的意义,在讨论人性时,称仁义礼智之性为"本然之性"或"天地之性",而称食色之性为"气质之性",加以区分。性理学者中,第一个明确提出这一区分的是张载。

> 形而后有气质之性,善反之则天地之性存焉。故气质之性,君子有弗性者焉。①

引文中所说的君子就是孟子,引文中指出要明白孟子所说的意思是仁义礼智是先于形的,与形体即气质无关。也就是说,食色之性是由肉体产生的"气质之性",但仁义礼智之性是与肉体无关的、本源的"天地之性"。

李滉在性的区分问题上,也持同样的观点:

> 盖性非有二,只是不杂乎气质而言,则为本然之性,就气质而言,则为气质之性。②

性从根本上只有一个,但根据是否考虑与气质的关系,则可分

---

① 《张子全书》卷三,《正梦·诚明》。
② 《退溪全书》上,《答李宏仲》,第809页。

为"本然之性"和"气质之性"。如果考虑与气质的相关性,就是气质之性;如果不考虑与气质的相关性,则是本然之性。因此,如果发散这一区分思维,将其适用于一般事物,那么就可以说气质之性是指事物的具体性、个别性,本然之性是指一般性、普遍性。从这里我们可以得知一个事实,即李滉在解释所有事物皆有性(理)时,依据理的形而上性质,说"理不为气所囿,任何事物都有理",而"理不为气所囿"就是"与气无关"的意思,所以李滉所说的性是指本然之性,而不是气质之性。如此将性分为两种,只承认其中的本然之性是性,而忽视气质之性,那是否意味着从"性即理"的前提来看,理也有两种呢?如果承认有两种理,那么是否就不能承认"所以然、所当然的理一致论"了呢?

不仅如此,李滉认为理和性的情况一样,有"两种理"。为了弄清这一点,需要先弄清一般事物的理气关系。关于事物的理气关系,李滉如是说道:

> 盖理气合而命物,其神用自如此耳。……此理极尊无对,命物而不命于物故也。①

理对事物下达命令,因为其中的"事物"(物)也换说"气"也是可以的,所以就是"理向气下命令"的意思,这就是就事物而言的理气关系。

"理命物"当然不是指物理上的命令,是指理的所以然,解释为"作为理的原因的先行"。但不能说只具有事实立场的意思,如果考虑到所当然的意思,也具有价值立场的意思。也就是说,如果从价值的立场来看,就应是表示就气的运行、作为而言的"当然的指向

---

① 《退溪全书》上,《答李达李天机》,第354页。

性"。然而,无论考虑哪一种立场,这个"命令"的意思是否实际有效呢?从理的实际的无作为性来看,这样的理的意义实际是不适用的。从上述引文来看,其实李滉自己也明确表示,这种情况下作为的实际上只有气。

> 理本被尊无对,命物而不命于物,非气所当胜也。但气以成形之后,却是气为之田地材具。故凡发用应接,率多气为用事。①

其实,"极尊无对"本身就是从价值立场上的表达。"理命物"最终是从价值立场出发,只是指气或事物本质所具有的当然的指向性。"当然的指向性"并不是实际发挥机能,就事物而言的理气关系实际上取决于气。在实际作为(用事)上,理受气所左右。关于这一点,李滉如是说道:

> 惟其气有偏,其(气)物中之理,亦不能不偏。②

如果事物之理受气偏的影响而不得不偏,则理未能发挥其实际功能,等于没有理。如果说事物的生成、变化只取决于气的作为,那么事物的生成、变化就只能是必然(自然的)形成的,就会变成对事物也只适用于必然之理,而不适用当然之理的意思。如此一来,理就不是所以然和所当然一致的所谓"全理"了。也就是说,只能承认这是"偏理"了。如果用性来说,就是事物之性只有"气质之性"。

性分为本然之性和气质之性,理也分为全理和偏理,那么"理

---

① 《退溪全书》上,《答李达李天机》,第 354 页。
② 《退溪全书》上,《答李宏仲》,第 808 页。

一致论"怎么解决？尽管事实上事物只有"气质之性"，但李滉为什么会承认事物的"本然之性"，并去讨论"理命物"和"事物的所当然"呢？

3. 善恶与势的问题

性分为两种，其中"气质之性"之所以未能被视为本性，是因为"气质之性"与"食色之性"几乎是同实异名的性。是因为气质导致本能欲求的实现，最终带来与"义理之行"相反的"恶"的结果吗？还是因为"气质之性"本身就被认定为是恶的性？首先，了解一下李滉在性的两分方面的善恶观。

李滉从未说过气或气质本身是恶的。虽然气本身并不是恶的，但其"有为、有欲"的性质，有可能导致善恶现象。

按照李滉的说法，善恶在理气论上是如此定义的：

> 理显而气顺则善，气揜而理隐则恶耳。①
> 必理发未遂，而掩于气，然后流为不善……若气发不中而灭其理，则放而为恶也。②

善是指气顺应理的原理、原则，而理实现（显）其所当然的价值观。反之，恶是指气或气的作用遭到妨碍（揜），而理无法实现（隐）其所当然性。换句话说，气的作为不能满足（中节）适当的条件，无法实现所当然之理法的情况就是恶。

因此，理一致论之所以能够成立，是因为在气的作用下，理的所当然性表现出来善的情况。反之，理一致论不能成立的情况是所

---

① 《退溪全书》上，《答郑子仲别纸》，第600页。
② 《退溪全书》上，《心统性情图说》，第205页。

当然性未能实现，理被掩盖（隐）而导致恶（或不善）的情况。此处需要注意的是，无论善恶，实际上都取决于"气的作用"。就事物而言，如果理的处境取决于气，那么立足于事物而论的性明显是作为偏理的气质之性，所以把它看作本然之性就毫无意义。

但是，还有一个不容忽视的事实。李滉本人在论及事物的理气关系时，只是站在"有为、无为"或"强、弱"的角度，并没有把握其本身的所当然以及善恶问题。特别是"气质之性"以及"恶"，是指气向与理相反的方向作用并掩盖理，而不是指"理比气弱"。李滉如是说道：

> 气能顺理时，理自显，气之弱，乃顺也。气若反理时，理反隐，非理之弱，乃势也。①

按照李滉的说法，理被掩盖的原因当然在于气反理的作为。但是，比反理的气的作为更根本的原因是事物之外的其他外在条件，即所谓的"势"。因此，对一个事物来说，理被掩盖而导致"恶"的状态，即使是站在事物本身的立场进行考察，也要考虑该事物之外的其他条件以及与其他事物的相关性。这就是说，如果没有"势"的条件，一个事物内的气是永远可以顺理而为的。由此，李滉认为事物的理是本然之性，其运行是因为所当然的缘故。

为了便于理解，是否可以以具体的事物为例来思考"事物中的理一致"呢？以船为例，船是为了在水中行走而建造的，同时也是为了船能够在水上行走而建造的。为了船能够在水面上行驶而建造是船的所以然；船应该在水面上行驶，这是船的所当然。如果船现在在水面上行驶，那么"现在行驶"这个事实就是船的所当然和所

---

① 《退溪全书》上，《答李达李天机》，第354页。

以然同时实现。但是，如果由于台风等"势"的条件，而导致船突然被推到陆地上，此时即使有不得不在陆地上行走的所以然，但还是违背了船的所当然。这就是船的所当然被掩盖的情况。

如果承认被称作势的外在条件，那么，一个事物的理被隐藏（即恶）的现象就不是这个事物的责任。这是在与其他事物相关联下，最终要从大宇宙的整体事物的角度加以理解。因此，李滉把事物的理看作本然之性，把事物的运行说成是所当然，这不是从一个事物的角度来看，而是从整体事物的角度来看。这就是从大宇宙的角度出发，掌握本然之性的理一致论，然后将其适用于个别事物。那么，将本然之性的理一致论适用于大宇宙的根据是什么呢？其根据才能证明宇宙作为整体事物的生成没有势的现象。只有证明宇宙的生成没有势的现象，才能从大宇宙的角度承认理一致论。李滉真的认为在大宇宙的角度上没有势的现象吗？

4. 自体原因的和谐现象

首先，我们更详细地考察一下，从大宇宙的角度如何解释本然之性。

> 若指其物而言之，其偏处固偏矣。若总指其无物不在而言之，尤可以见其全体之浑沦矣。何者？理之为体，不囿于气，不局于物。故不以在物者之小偏，而亏其浑沦者之大全也。[①]

如果从一个个别的事物来看理，理确实会因气偏而偏。这是理的局部性的"小偏"。但是，如果从"整体事物（无物不在）"的角

[①] 《退溪全书》上，《答李宏仲》，第808页。

度来看理，理是在维持"大全"的状态下与气浑沦一体的，因为"理的体"本来就不受气或物的制约（局）或约束（囿）。

此处所说的"理的体"是指理的形而上的特性，但不仅仅是指"形而上的特性"。如果只是指形而上的特性，那么理的体就成为只是表示理的无为性，结果还是会被认为只是气质之性。这种情况下的理的体是指也"包含理意义的特性"。那么理的意义是什么？这就是太极理的含义。

言一理之均赋，则物物之中，莫不有天然自在之性。盖气虽自隔于物而有异，理不为气所囿而终无，故曰，万物各具一太极。①

就事物整体的角度来看，理就是"太极"。这也是从事物整体的角度所说的"本然之性"。太极是"总天地万物之理"。李滉相信朱熹所说的"万物各具一太极"观点。② 如果"物事"都各自拥有这样的太极，会怎么样呢？不管这是不是事实，当如此假设的时候，事物的集合即宇宙只不过是太极之"一理之均赋"而已。换句话说，可以看出李滉的宇宙观是以一个体系来看待的某种和谐的状态。因此，从整个宇宙的角度来看，不可能存在意味某种不和谐的"势"现象。

李滉如是解释这一内容：

太极之有动静，太极自动静也，天命之流行，天命之自流行也。岂复有使之者欤？……盖理气合而命物，其神

---

① 《退溪全书》上，《答侨偛问目》，第897页。
② 《朱子语类》卷九十四，第7页："人人有一太极，物物有一太极。"《朱子语类》卷九十四，第41页："万一各正，小大有定，言万个是一个，一个是万个，盖统体是一太极，然又一物各具一太极。"

用自如此耳。不可谓天命流行处亦别有使之者也。此理极尊无对，命物而不命于物故也。①

宇宙的生成通常用"太极之动静"来解释，或者用"天命之流行"来解释。不管用什么术语、什么表达方式来解释，② 它都不是除了理以外的其他任何事物的指使（别有使之者）。太极、天命都是理的别称。所以，宇宙的生成可以说是"其神用自如此"。因为理是"命物而不命于物"的。如果说理的现象有原因，那就只能是"自体原因"。因为整个宇宙是一理（太极、天命）的体系，所以宇宙万物的生成终究是由一个自体原因而形成的现象。宇宙的生成是由自体原因而形成的和谐生成，不可能存在"势"的现象。由此可见，李滉由本然之性而提出的理一致论思想把与"预定和谐"相似的"自体和谐"的想法作为根本思考。

但是，这些只不过是从理的角度出发，对逻辑性的、抽象性的理论进行合理化而已。这并不是对宇宙生成本身就是和谐的事实的实际证明。如果没有因气的作为而产生实际的宇宙生成的证明，即使在理论上是合理的，但也不足以被认可。李滉的理一致论现在需要从气的角度进行实际的合理化。

5. 理一致论的条件与气的生成

正如船的例子所示，所以然的法则是指必然的、盲目的事物生成时适用的法则，所当然的法则是指有目的性的事物生成时适用的

---

① 《退溪全书》上，《答李达李天机》，第354页。
② 以太极之动静来解释是以《周易》为基础编写的《太极图说》里的内容，以天命之流行来解释是以《中庸》为基础编写的《天命图说》里的内容。这源于当初《周易》和《中庸》中分别用"太极"和"天命"来解释宇宙的生成。但在性理学看来，无论是"太极"还是"天命"，都是一理。

法则。因此，要同时满足这两者，事物的生成必须既是必然的，又是有目的的。这是理一致论的限制条件。因此，如果把理一致论适用于宇宙论的生成上，宇宙的生成也应如此。

作为事物总和的宇宙实际上只不过是气的存在或气的集合，但李滉却又提出说气具有"生灭"的特性。那么，在这种思维角度上，如何把握宇宙的存在呢？在这种思维下，可以推测出宇宙也是一个具有生命的存在，即有机体（organism 或 Organismus）。

事实上，依据李滉引用"太极"概念的《周易》，宇宙的特性被认为是生命。

天地之大德曰生。①

如引文所说，天地即宇宙的特性（德）是生命。因此，李滉为了使宇宙的开辟即"一元之气的生成"合理化，提出了"理动说"，并用"理的体用说"加以解释。而且，在《周易》中用"易"来表示"变化"一词，"易"的意思是"生生之谓易"。② 生生变化的表述体现了浓厚的有机体思想。因此，自程子之后，李滉等性理学者在解释宇宙的变化原理即"元亨利贞"时，也是保留了有机体观点。

元，始也；亨，长也；利，遂也；贞，成也。③

元亨利贞是指生物的生长成熟。从这一点上，不难推断出李滉将宇宙视为有机体。可以说，李滉潜意识中一直保留着有机体观念。

有机体的变化是什么？虽然表面上看似乎只是必然的、盲目的，

---

① 《周易》，系辞下传。
② 《周易》，系辞下传。
③ 自程颐以后如此解释。李滉在《天命图说》中有详细的阐述。

但这种变化并不是毫无目的、毫无意义的变化。例如，花开可以看作是必然的、盲目的，但同时也可以认为花开是为了结果。又比如，每一片树叶不仅仅是为了自身的成长，而且还与整棵树的成长相关。有机体所有部分的变化既是必然的（自然的）变化，同时其变化也是为了整体并且是有目的的。因此，有机体上的变化不是因所以然而产生的"势"的变化。可以说，没有势的变化现象。由此可见，有机体的宇宙观成为李滉合理化其理一致论的根据。因此，由所以然和所当然一致的本性而产生的义理之行，是以这种宇宙观作理论支撑的。

但是需要注意的是，上述还只是考察了理一致论适用于一般事物的情况，也就是理一致论的宇宙论根据（the cosmological ground 或 der kosmologische Grund），而不是针对个别事物特别是人的情况。研究理一致论的可能性以及其合理性，是为了了解作为所当然的义理之行是如何实现其必然性和自然性的。也就是说，是为了了解义理之行就人而言如何在必然的关系中实现本性的。从这个最初的目的来看，上述一般事物的理一致论的宇宙论依据，实际上并不属于人的义理之行（伦理）的范畴。这只是从义理之行的形而上学基础的意义上，对义理之行的间接考察。下面，我们正式研究与义理之行有直接关系的"就人而言的理一致论"。

六、心性论的展开

1. 假设说明

就人而言，所以然与所当然都可以看作"理"吗？在这个问题上，齐大升与郑惟一持对立观点。齐大升主张只有所以然是"理"，所当然只是"事"；而郑惟一则主张所以然和所当然都是"理"。李滉赞成郑惟一的观点，认为就人而言，所以然和所当然都是理，并阐明了如下理由：

> 盖君仁臣敬之类，皆天命所当然之理，实精微之极致也。外此而事别有所当然也。①

李滉的如上解释过于简短，很难理解。如引文所示，即使君仁臣敬被称为"事"，但"事"被认为是所当然，因为事本身就是天命，即"作为天命的必然之道"。因为事的所当然是必然的所当然，因而称事为理。但这段文字，并没有明确阐明天命的必然的所当然的意思。所以我们推测，这句话是以《中庸》的"天命之谓性"即人性的先天所具为前提而言的，其内容令人费解。

李滉在写完这段文字之后，引用了朱熹、陈栎（新安陈氏）、真德秀（西山真氏）、陈淳（陈安卿）等的观点作为参考资料。因此，我们将参考这些人的观点加以理解。

> 八条目，论格物曰，天下之物，必各有所以然之故与其所当然之则，所谓理也。注，朱子曰，所当然之则，如君之仁，臣之敬，所以然之故，如君何故用仁，臣何故用敬云云，皆天理使之然。新安陈氏曰，所当然之则，理之实处，所以然之故，乃其上一层理之源头也。格物传曰，自其一物之中，莫不有以见其所当然而不容已，与其所以然而不可易者。注，西山真氏曰，如为君当仁，臣当敬之类，乃道理合当如此，不如此则不可，故曰所当然。然仁敬等，非人力强为，有生之初，即禀此理，是乃天之所与也。故曰所以然，知所当然，是知性，知所以然，是知天，

---

① 《退溪全书》下，《论所当然所以然是事是理》，第185页。

谓知其理所从来也。大全书陈安卿问，理有能然，有必然，有当然，有自然处，皆须兼之，方于理字训义为备云云。凡事皆然，能然必然者，理在事先，当然者，正就事而直言其理，自然者，贯事理直言之也云云。先生曰，此意甚备。①

如上各家观点，应尽可能向与李滉那段文字一致的方向加以理解。也就是说，必须从"事"的所当然是作为天命的必然性之理的角度来考察这一点。

从这个角度看，首先可以指出的是真德秀的观点。真德秀主张说，仁和敬等"事"之所以被称为是所当然，是因为合乎于理（合理）。所当然的合理性是可以称之为一理的根据。然而，即使称所当然为事，其事的实践也并不是人所能勉强的（人力强为），是顺应自然而行的。人天生就具有做这些事情的天赋（理）。他把这种天赋称为"理"，把天生具有的称为"天之所与"。天赋之理在《中庸》中被解释为"天命"，是指人的本性。所以上述内容是说所当然之"事"是自然本性的实现，其本性就是所以然之理。从这一点看，他认为了解所当然就是了解性，了解所以然就是了解天，这就是了解理的所从来。也就是说，他认为所当然和所以然是一理的两个层面。

以上内容如果借用陈栎的表述就是，所当然是指理之实处，所以然是指理之源头。如果借用朱熹的解释就是，事的具体内容是所当然之则，事的根据是所当然之故，"则"和"故"都是一个"天理"。如果再加上陈淳的解释，理的意义上用法本身就具有"当然""必然""自然"等意思，因此所当然和所以然二者都只能称为理。

但是，如上这些解释毕竟只是针对理一致论的理论假设，而不

---

① 《退溪全书》下，《论所当然所以然是事是理》，第185页。

是实际性的解释。如果不谈理的语言用法，如上这些解释都只论述说"君仁臣敬"是本性的自然实现，而缺乏实际的证据支撑其自然实现。因此，现在需要对"仁"等实现本性的现象进行实际性的研究。

2. 实际性的解释

能够了解本性自然实现的例证就是"四端的发出现象"。

四端是指源自孟子所说的"恻隐、羞恶、辞让（或恭敬）、是非"等四种心。李滉如是解释"四端"：

> 四端以端言，就发见而指端绪。①

四端从"端"而言才具有意义。也就是说，意义在于根据已经显现的一端来推断出还未显现的未知端绪。事物的整体或真相由此被了解或显现出来。因四端而显现出来的本性就是"仁义礼智"。

> 恻隐之心，仁之端也。羞恶之心，义之端也。辞让之心，礼之端也。是非之心，智之端也。②

在显现仁义礼智的意义上，恻隐、羞恶、辞让、是非之心分别是仁义礼智的端绪。四端之心与仁义礼智的本性是相彰的关系。也就是说，通过四端可以看出仁义礼智的本性。

孟子说，就人而言，四端之心会自然"发动""发露"。

---

① 《退溪全书》上，《答李平叔》，第849页。
② 《孟子·公孙丑上》。

> 所以谓人皆有不忍人之心者，今人乍见孺子将入于井，皆有怵惕恻隐之心。非所以内交于孺子之父母也，非所以要誉于乡党朋友也，非恶其声而然也。①
>
> 一箪食，一豆羹，得之则生，弗得则死。嘑尔而与之，行道之人弗受，蹴尔而与之，乞人不屑也。②
>
> 恻隐之心，人皆有之。羞恶之心，人皆有之。恭敬之心，人皆有之。是非之心，人皆有之。……仁义礼智，非由外铄我也，我固有之也。③
>
> 由是观之，无恻隐之心，非人也。无羞恶之心，非人也。无辞让之心，非人也。无是非之心，非人也。④

如果看到一个懵懂小孩掉进井里，即使是素不相识，每个人都会不由自主地产生一种"恻隐之心"。这就是"仁"的本性在人身上自觉体现的例证。即使是因没有一碗饭和一碗汤而处于死亡边缘的流浪者或乞丐，如果以辱骂或虐待的方式施舍给他们食物，他们也会干脆不接受或者感到难过和厌恶，即自然产生羞恶之心。这就是"义"的本性在人身上自觉体现的例证。孟子说，仁义礼智的本性是每个人本来就具有的东西（固有之），如果没有四端之心则称不上是人。

李滉全盘接受了孟子的四端说。在这一点上，可以认为这是李滉将孟子的四端说直接应用到他的理一致论的实际例证。李滉不仅承认孟子的四端说，还用性理学的"理气"进行了更进一步的解释。从他用理气论解释四端来看，足以可见他相信和重视本性的自然实现。

---

① 《孟子·公孙丑上》。
② 《孟子·告子上》。
③ 《孟子·告子上》。
④ 《孟子·公孙丑上》。

3. 本性的自发性发现①

从性理学的角度来看,"本性"和"四端"的关系被表述为"性"和"情",即"心的体用"关系。"性"是心的体,"情"是心的用。仁义礼智是"性",但孟子所说的"四端之心",确切地说是指四端之"情"。当心的体和用被区分为性和情时,性理学上理解的性情是这样的:

> 理无形影,而盛贮该在于心者,性也。②
> 人心以敷是发用者,情也。③
> 不能自发而自做。④
> 若所谓性之流行,即情是耳。岂情外别有性之流行也?⑤
> 先儒以情是自然发出,故谓之性发。⑥

所谓性是心将要产生各种作用的理,因此实际上是心还未产生作用的理。所谓情是心的经验表现出来的心理现象。例如,恻隐之心、羞恶之心等,加上心这个词表示表现出来的情。情是通过经验而表现出来的具体的心理现象,所以结构上是"理和气构成的"。⑦另一方面,性是理,不能单独表现出来。性只能从情的现象中推理

---

① 本节内容截取自作者的《退溪的心性观研究》(《亚细亚研究》通卷41号)。
② 《退溪全书》上,《答李宏仲问目》,第823页。
③ 《退溪全书》上,《答李宏仲问目》,第823页。
④ 《退溪全书》上,《答金而精》,第678页。
⑤ 《退溪全书》下,《答郑之中》,第164页。
⑥ 《退溪全书》上,《答李宏仲问目》,第823页。
⑦ 《退溪全书》上,《答奇明彦(论四端七情第二书)》,第416页:"夫四端非无气也,七情非无理也。非徒公言之,滉无言之。"

出来。上述引文中"性发"(性的流行)即情是自然发出,就是这个意思。另外,仁义礼智之性表现为四端之情,也是说的这个意思,即性是从情的现象中推理出来的。所以,从"情是已经显现出来的性"这一点上,"情是性的实现"观点是被认可的。性表示将来表现出来的可能性,情表示已经表现出来的性的实现,所以性和情的逻辑关系是互为因果的关系。

性作为情的原因,通过情而表现出来。通过情的自然发出而表现出性的这一点,程朱派性理学称之为"性发为情"或"情性所发"。① 但是,由于李滉提出理的体用说,主张理的"能动、自到",所以他不仅在理论上承认了性情的这种关系,而且从事实的、实际的角度也认可性情的因果关系,主张作为理的"性"具有"自发、自做"特性。这就是李滉著名的"四七解释论"中的"理发说"。②

李滉的四端说也被称为四七说,他对四端的解释采取了"四端与七情的比较论"方式。李滉对四端及其本性(四端之性)的独特见解体现在四端与七情的"对举而言"③ 上。这就是他与奇大升历时八年之久的"四七论辩"。④

与四端相对的七情源自《礼记》。《礼记》记载,"喜怒哀惧爱恶欲"就是七情。⑤ 这是人类生而具有的情的总和。这七种情在意义上是表示人身上可能产生的所有情的总称。虽然可以进一步细分人的情感,但从意义角度上说,所有情都包含在这七种情之中。因此,四端虽然只表示部分的、特殊的情,但七情则是表示全部的、

---

① 《退溪全书》上,《圣学十图·第六心统性情图》。
② 心的用即性发,是指心的整体现象(用)。即,它是以整体的心为对象的。但是,表示四端发出的"理发"是指与四端相对应的本能的发现。因此,后者只针对四端之心。
③ 这个词是奇大升在"四七论辩"中针对李滉四七解释的态度而说的,李滉此后也使用了这个词。
④ 书信往来论辩时间从李滉59岁(己未年)至66岁(丙寅年)。
⑤ 《礼记·礼运》:"何谓人情,喜怒哀惧爱恶欲,七者勿学而能。"

普遍性的情。用李滉的表述方式，七情就是"公然平立（公正的、普遍的）"。

> 至如七情……然实是公然平立之名，非落在一边底。①

因为七情带有很强的表示人类情感之总和的意义，所以有时会不太关注七情的数量。例如有时用《中庸》所讲的"喜怒哀乐"来替用七情。② 因为七情包含人的所有情感，所以说起其特性，不能片面地说是善或恶。

李滉从善恶两个方面对七情和四端进行了对比。

> 其发各有血脉，其名皆有所指。③

李滉从表示四七两者名称上的"所指"和表示发动、发出的"血脉"两个层面进行了区别和对比。也就是说，四七在名称上的意义（所指）不同，而且即使是同一种情，其发动、发出的由来也是不同的。李滉还用"所从来"一词代替"血脉"一词，④ 对比四端和七情在"所指"和"所从来"方面的不同之处。

首先，从"所指的不同（所就而言之不同）"⑤ 来看，四端是"皆善"或"纯善"，而七情则是"善恶未定"或"本善而易流于

---

① 《退溪全书》上，《答李平叔》，第 849 页。
② 《退溪全书》上，《答奇明彦》，第 405 页。
③ 《退溪全书》上，《答奇明彦（论四端七情第二书）》，第 417 页。
④ 在使用"血脉"一词之前，就已经使用过"所从来"一词。在用该词语代替之后，就不使用"血脉"这个词了。
⑤ "所就而言之不同"原本是奇大升所使用的词语，李滉偶尔也替代使用一下。但是严格来说，"所就而言之不同"是指立脚点的差异，所以也表示所指和所从来的区别。

恶"。① 基于二者的这种差异，四端被比喻为理，而七情被比喻为气。李滉如是说道：

> 七情之于气，犹四端之于理。②

李滉还主张说，四七是可以分别加以解释的。

> 四端理之发，七情气之发。③

李滉对四七的这一解释统称第一解释。李滉认为，如此区分四七如同就性区分"本然之性、气质之性"是一样的。④ 四端不需要考虑气的兼存，就像本然之性不需要考虑与气质的关系；七情只考虑气之所指，就像气质之性只需要考虑与气质的关系。

其次，从"所从来"的角度来看，四端是"发乎仁义礼智之性"，而七情是"物触其形而动于中，缘境而出焉尔"。⑤ 李滉在四七解释（第一解释）时也说是因为所从来的差异而导致的，这时他反而主张这也是进一步解释的根本依据。⑥ 但是，受齐大升的激烈反驳影响，李滉在修订自己解释的几处问题时特别修订了这一点。他承认七情也不是与理或性无关而发的，在"感物而动"这一点上四端也与七情是一样的。同时，他还如是说道：

---

① 《论四端七情第一书》中原本是说"善恶未定"，后来在"第二书"中修改为"本善而易流于恶"。
② 《退溪全书》上，《答齐明彦（论四端七情第二书）》，第417页。
③ 《退溪全书》上，《答齐明彦（论四端七情第一书）》，第406页。
④ 《退溪全书》上，《答齐明彦（论四端七情第一书）》，第406页："情之有四七之分，犹性之有本性气禀之异也。"
⑤ 《退溪全书》上，《答齐明彦（论四端七情第一书）》，第406页。
⑥ 《退溪全书》上，《答齐明彦（论四端七情第一书）》，第406页："因其所从来，各指其所主与所重而言之。"

> 四则理发而气随之，七则气发而理乘之。①

李滉将此作为自己关于四七的最终解释，② 所以这个解释就成为代表李滉立场的"四七修正说"。那么，李滉如此解释的根据是什么呢？

李滉在修订解释中补充说，四端是主理而言，七情是主气而言，并不是说忽视气或理，③ 即修订解释也是在不忽视理气相须关系的范畴内，同时满足"所指"的层面，④ 并再次阐明了从"所从来"角度可以这样解释的依据。

> 盖人之一身，理与气合而生，故二者互有发用，而其发又相须也。互发则各有所主可知，相须则互在其中可知。⑤

因为理气都具有发用的性质，所以会出现理发或气发的现象。当然，仅从这段文字来看，此处的"互发"并没有表示出理气各自独立发出的意思。但是从李滉60岁左右的观点（如上文），到他70岁时立足理的体用论提出的"理动、理到"观点来看，互发说成为支撑"气发"同时可以"理发"的理论基础。如果这样理解的话，则不仅是气用，理也有用的性质，所以既有气先发的七情现象，也

---

① 《退溪全书》上，《答奇明彦（论四端七情第二书）》，第417页。
② 李滉在这次修订后再没有任何修改。后来编写的《圣学十图》中也添加了这部分解释内容。
③ 《退溪全书》上，《答奇明彦（论四端七情第二书）》，第419页："大抵理发而气随之者，则可主理而言耳，非谓理外于气，四端是也。有气发而理乘之者，则可主气而言耳，非谓气外于理，七情是也。"
④ 论者在《退溪的心性观研究》指出过这一点。
⑤ 《退溪全书》上，《答奇明彦（论四端七情第二书）》，第416页。

有理先发的四端现象。这就是四七之发不同的根据。

但是,正如"理动""理到"观点会成为问题一样,就四端而言,理发的观点也不能不成为问题。① 李滉与否认理实发的齐大升之间展开论辩就证明了这一点,而此后韩国性理学届展开"四七论争"也证明了这一点。关于四七解释存在的问题主要集中在理的实发这一点上。因此,李滉的四七解释也是在强调"理发"这一点。那么,在暂且不论理发存在问题的情况下,这个解释的意义是什么呢? 所谓理发是指在性即理前提下的"本性的发现"。因此,李滉四七解释的意义在于强调以四端表现出来的"仁义礼智"的本性自发地发动、发出。本性不是单纯地作为人类的一个潜在素质,而是要强调它自发地表现出来,促使人类不得不做义理之行,这就是理发说的意义所在。② 李滉曾如是说道:

气而无理之乘,则陷利欲而为禽兽。③

如引文所述,李滉认为,人之所以不会陷入利欲,并通过义理之行成为人,原因在于"理"。由于理,我们人类可以摆脱利欲,追求义理之行。因此,李滉以四端的现象为依据,将本性的表现解释为理发,按照这种解释,人不能不做义理之行。

但是,即使这样理解四端的现象,"理一致论"的问题仍然存在。这里必须注意以下事实,即,就"理发"而论的四端之本性,

---

① 所指的层面不存在问题。齐大升在总论和后书中承认"四端理之发,七情气之发"的第一解释也是基于这个原因。关于这一问题,论者在《退溪的心性观研究》(《亚细亚研究》通卷42号)一文中有详细的论述。

② 李滉所提出的四端的所指源自孟子的"理发"观点。《退溪全书》上,《答齐明彦(论四端七情第二书)》,第417页:"孟子之意,但指其粹然从仁义礼智上发出底说来,以见性本善故情亦善之意而已。"

③ 《退溪全书》上,《答李宏仲问目》,第816页。

不包含"食色之性"和"气质之性",而是被看作与之对立的性。既然食色之性和气质之性被严格排除在外,无论本性如何自发地表现出来,如果本性的表现不能克服性的欲求,就不能说理的"所当然"即"义理之行"是必然会实现的。在这种情况下,就人而言的理一致论是不可能被承认的。用李滉的话来说,"理发"之外不是还有"气发"的现象吗?如果气发不能中节,不就成为"恶"吗?那么,仅凭理发的现象一个方面,如何将理一致论普遍适用于人的情况呢?如前所述,李滉努力追求义理之行本身就说明由本性的发现而决定的义理之行,不是没有付出任何努力就能实现的。可以说,只有具备一定的条件,即为实现这一目标而努力,才能实现由本性而产生的义理之行。因此,本性是否真的能克服食色之性和气质之性?如果能,是在什么条件下可能实现,应该有一个合理的说明。这就是理一致论存在的问题。

4. 克服气质之性

李滉曾提出"理御气"的说法,坚信"存在理克服气的现象"。李滉如是说道:

> 《定性书》曰,人之心易发而难制者,惟怒为甚,第能于怒时遽忘其怒,而观理之是非,亦可见外诱之不足恶云云。夫所谓易发而难制者,是为理耶,为气耶?……惟其气发,故云忘怒而观理,是乃以理御气之谓也。[①]

发怒的情感是"气发"的原因,即"气质之性发挥作用的情形"。人类之所以能够平息怒气的情绪,摆脱外物的诱惑,是通过追

---

① 《退溪全书》上,《答奇明彦》,第402页。

求"理的是非、所当然"实现的。这就是"理御气"的情形,也可以说是本性克服气质之性的实例。

但这不过是一个实例,而不是说明如何克服气质之性。李滉的如下引文表达了如何克服气质之性。

> 大抵心学虽多端,总要而言之,不过遏人欲存天理两事而已。①

如上,李滉作为程朱派性理学者,使用了"遏人欲,存天理"②的说法。当然,人欲是体现气质之性的情。对李滉而言,遏人欲、存天理就是实际上的克服气质之性。他认为,儒学中关于心的理论相当复杂,但其归结点终究在于这一点。如何才能遏人欲、存天理呢?

首先,了解一下李滉是如何区分天理和人欲的。

> 然则天理人欲之判,中节不中节之分,特在乎心之宰与不宰。③

如引文所述,区分天理和人欲与区分中节和不中节一样,取决于是否由"心主宰"。这一区分取决于"情调整与否"。情发而中节是天理,情发而不中节由此导致的冲动是人欲。因此,遏人欲、存天理是以情的自主调整为前提的。如何实现自主调整呢?

---

① 《退溪全书》上,《答李平叔》,第849页。
② 这句话也是朱熹经常使用的,有时也表述为"去人欲、存天理"或"灭人欲、存天理"。
③ 《退溪全书》上,《答李宏仲问目》,第816页。

第四章 价值观

李滉如是说道:

能精能一,则不畔于道心,不流于人欲矣。①

这是基于《书经》中的"人心惟危,道心惟微,惟精惟一,允执厥中"②的思想。"人心"和"道心"自朱熹之后分别被理解为"生于形气之私"和"原于性命之正"。③ 人心是人欲的本原,④ 道心是指本然之性表现出来的四端之情。道心是"显现天理之心"。"精一"也被表述为"主一"或"执一",是指意识的集中统一。具体说明的话,通常用孟子的"必有事焉,而勿正,心勿忘,勿助长也"⑤加以解释。简而言之,保持勤奋而诚实就是"敬"的态度。⑥ 所以李滉的观点就是,如果维持精一状态即敬,就可以遏人欲、存天理。李滉从"不沉溺于人欲而顺应天理就是敬"的意义出发,相信"敬是一心之主宰"。⑦ 其实,李滉高度重视"敬"。他认为敬才是知行的根本。⑧ 他称自己《圣学十图》的全部内容都是"以敬为主"⑨的,可见其重视程度。那么,李滉为什么说在精一的敬的状态下可以遏人欲、存天理呢?

---

① 《退溪全书》上,《答李宏仲问目》,第824页。
② 《书经·大禹谟》。
③ 《中庸章句》序。
④ 《退溪全书》上,《答侨侄问目》,第897页:"人心者,人欲之本,人欲者,人心之流。"
⑤ 《孟子·公孙丑上》。
⑥ 《高峰集》卷五,《答友人论学书》:"愚意妄谓,以勿忘勿助长,为持敬之节度,则可。"
⑦ 《退溪全书》上,《圣学十图·第八心学图》。
⑧ 《退溪全书》上,《戊辰六条疏》,第186页:"至如敬以为本,而穷理以致知,反躬以践实,此乃妙心法而转道学之要。"
⑨ 《退溪全书》上,《圣学十图·第四大学图》(经解)。

李滉如是说道：

> 如勿忘勿助，则道之在我，而自然发见流行之实，可见。①

如上引文中，"勿忘勿助"是指敬即精一的状态。"道"只是天理的另一种表达方式，具体来说也可以解释为理的所当然。简而言之，李滉的解释可以概括为人在诚实、认真地自我反省时，能够自主克服气质之性的欲求。

如果再深入分析的话，依据精一而存天理的理论，不仅是以《书经》为基础，也是以《中庸》的"中节""中和"思想为基础的。因此，对"中"进行进一步的考察，这个理论会更加清晰。

5. 礼与天人合一

《中庸》讲，"中也者，天下之大本也"②。在这一点上，"中"具有"理"的含义。前文的"存天理"被解释为"执中"也是因为这个原因。进一步仔细研究作为理的"中"时，一般是从主客两个方面进行考察。

首先，从客观上看，"中"是指恰当的道理。中具有表示"时中""中庸"的含义。李滉表述"中"是"不偏不倚""无过不及""平常之理（日用之理）""天命所当然""莫不各有恰好处"等，也表述为《大学》所说的"至善"。③ 简而言之，中表示作为道德规范的礼的原理。李滉说，"中乃礼得宜处"④。礼的合理性或规律性根

---

① 《退溪全书》上，《答郑子中》，第606页。
② 《中庸》第一章。
③ 《退溪全书》上，《答李宏仲》，第816页。
④ 《退溪全书》上，《答李平叔》，第850页。

据就是中。如此看来，《书经》中表示"执中"的"存天理"在日常生活中是通过"礼"得以实现的。在这个意义上，李滉说，"道义之理无穷尽"①。所以，前文说本性是通过"三纲五伦"体系来实现的理由也在于此。

另一方面，从宇宙观看，"中"是指心性的未发（未发之中）。②"未发"是人性的所谓"本然"。因此，"未发之中"一词表示"本然之性"。从李滉的如下文字中可以确认这一点。

> 言一理之均赋，则物物之中，莫不有天然自在之性。盖气虽自隔于物而有异，理不为气所囿而终无。故曰，万物各具一太极。③

> 自吾之性情形色日用彝伦之近，以至于天地万物古今事变之多，莫下有至实之理至当之则存焉，即所谓天然自有之中也。④

如上，"中"是"本然之性"，也是"万物各具一太极"的"太极"。因此，作为执中的"存天理"最终还是指要遵循太极的内容和意义。太极是什么呢？

> 总天地万物之理，便是太极。太极本无此名，只是个表德。……太极只是个极好至善的道理。……太极是五行阴阳之理皆有，不是空的物事。⑤

---

① 《退溪全书》上，《答齐明彦别纸》，第424页。
② 《中庸》第一章："喜怒哀乐之未发谓之中。"
③ 《退溪全书》上，《答侨侄问目》，第907页。
④ 《退溪全书》上，《戊辰六条疏》，第186页。
⑤ 《朱子语类》卷九十四。

太极是指与万物相关的一切规律。作为事物至善的形式及必然的生成规律、"万物之理的总和",就是太极。它可以说是宇宙的所当然和所以然相一致之前,全宇宙的根源。如此看来,存天理即实现本然之性的最终目的是探寻宇宙的意义,并做出与之相适应的行为。也就是说,实现本然之性最终目标是达到"天人合一"的境界。

那么,我们该如何理解和评价李滉的伦理观以及价值观呢?最后,我们探讨一下其存在的问题及其所具有的现代意义。

七、结论

即使李滉对由本性产生的义理之行进行了合理化,但问题仍然存在。他的理一致论只要还存在以下问题,就不能自诩完美。

首先,如果对宇宙的有机体观果真是以气的生灭性为基础建立的,那么必须解决"气生灭说"存在的弱点。例如,就气的生成而言,应该对"理动"或"气的灭尽"做更具体的、更令人信服的解释。或许这可能是过分的要求,但也应该同时对生命本身进行理论假设。

另外,侧重于四端等"本性的情感"来试图说明"礼""道义"等义理之行的态度,也避免不了情动主义伦理观的普遍弱点。[①] 情感是不能因个人差异而否认其相对性的,因此这种态度带有某种以绝对的立场看待相对伦理现象的弱点。特别是,在不清楚礼本身意义的时候,这甚至存在形式主义的可能性,即要求盲信、盲从现有秩序以及现有体制。在这一点上,程朱派性理学的名分观远比先秦及汉唐儒学表现得更为突出。当然,也许有人会辩称这一点是性理学的一般倾向,但考虑到性理学主理学派这一倾向更为突出,所以绝对不应忽视李滉的这一弱点。

---

① 这是指一般论上的意义。

不仅如此，以四端的现象为基础强调本性发现的"理发说"也存在问题。至少在理气二元论的立场上，这个理发说很难被承认。原因在于它给理气区分带来混乱。

而且，如果说存天理之本性的意义果真是表示全宇宙的意义，那么，如何在生活中具体实现这种意义就是一个更难的问题。宇宙不是人类按照人类的意愿创造的，所以我们无法完全了解宇宙的意义或人类在其中的意义。因此，本然之性的实际性实践也绝无可能完全实现。原本假设和谐类的理论本身就很难明辨善恶，因为其本身固有的一种宿命论倾向最终使性理学无法抹去保守性格的印象。这一点充分体现在性理学史的发展历程中，尤其是朝鲜王朝后期主理论的历史中。

但这并不意味着李滉价值观所具有的优点应该被忽视。他的价值观的本旨在于要依据本性使人回归本然的状态。通过义理之行克服堕落，回归本然，从而在大宇宙的立场上确立人的正确价值，这是他的价值观的特色，同时也是他的初衷。因此，即使是理发说等观点从事实的角度来看存在问题，但也可以理解为是在上述意图下，指出本性这一理性（reason 或 Vernunft）的能力在于人，从而引导其能力自发、自主地表现出来。也就是说，理发说的目的在于希望通过理性的自觉，确立"主体的人类"。进一步说，是希望通过理性的能力或利用理性建立秩序。也就是说，理发说是在建立与理优先论价值观一致的理论过程中产生的。因此，李滉的理发说的价值论，只要这种价值观被人类所需要，就绝不能被忽视，反而是我们今天要继承发扬的思想。

虽然李滉的主理性理学说因其保守倾向而被批判为有可能引发思想停滞，但文明的进步和发展最终应该以维护人性的价值标准来评判。在人类历史上那些标榜发展的没有价值、毫无秩序而言的东西真的能被容忍吗？发展固然重要，但有价值的稳定和秩序也很重要。如果说现代人是在混乱和堕落中克服不合理现象,寻找价值和秩序,那么李滉的价值观虽然存在问题,但仍具有今后进一步研究和发展的意义。以朝鲜王朝后期主理论学者的保守倾向为例,虽然表面看来是停滞的、保守的思维,但其中蕴含的为追求更高价值而牺牲自己的"杀身成仁"的崇高价值取向的精神,也绝不能忽视或轻视。不仅如此,虽说其中存在形式主义名分论的倾向,但那正是理哲学所具有的合理主义特色。从这一点看,这与追求合理主义的近代乃至现代精神是相通的。因此,在理哲学的合理主义基础上追求价值,这也是李滉价值观的特色。

另外,李滉提出的属于朱熹派理论的宇宙和谐说也被视为问题,让人联想到莱布尼茨(Leibniz,1646—1716年)的莫纳德理论(monadology 或 Monadologie)①。实际上李滉的这个理论与佛教华严思想等有很深的渊源。② 李滉的宇宙观就是(通过朱熹等性理学者)将高度发达的佛教形而上学进行儒学化而形成的思想。这也是性理学克服佛教思想的一个缩影。由此我们领略到一个新思想的形成,也就是说,我们通过李滉的宇宙观看到了改善传统思想而诞生新思想的实例。更进一步说,为我们理解李滉宇宙观提供了一个反省的契机。新思想反映了时代的新要求,并且只有彻底摆脱那个时代传承的一定的制约才能实现。当今我们把李滉宇宙观等视为传统思想之一,与其盲目地执着于李滉思想本身存在的缺陷或弱点,不如通过这些具有经验教训意义的实例,让我们去探索李滉思想的时代作用,即其思想的现代化之路。当我们这样认识这个问题的时候,我们必然会重视李滉宇宙观中的"自然观"。因为工业革命以后,引起现代机械文明、技术革命的西方宇宙观(导致现代文明弊端)是以

---

① 据了解,有不少学者研究寻找莫纳德思想是受太极说影响的证据。
② 华严宗的因陀罗思想及天台宗的法性思想等。冯友兰也曾在《中国哲学史》(第902页)中指出过这一点。

人与自然二分、对立意识为基础的,而李滉的宇宙观则是以"自然与人的和谐"为基础的。

当然,被表述为与自然秩序一致的李滉的"与自然和谐"思想,存在基于理优先论立场的天人合一思想倾向。但需要注意的是,他的思想并非只是指"与抽象自然的和谐"。从他的诗中可以充分了解这一点,他通过诗抒发了自己陶醉于自然以及对自然的深挚热爱(泉石膏肓),① 描绘了远离名利,在大自然中领略桃园风光,② 沉浸于自然而充实自我的场景。③ 可见李滉在建立有关宇宙的理论之前,以谦虚、虔诚的姿态谋求与自然的和谐,并在与自然的关系上表现出来东方隐士的面貌。因此,在当今从全新角度将李滉的价值观作为研究资料时,必须充分考虑到这一点。这样看来,李滉价值观的现代意义在于以人与自然和谐精神为基础的理一致论,如何对以人与自然二分、对立观点出发的现代文明之弊端产生新的影响。

---

① 《陶山十二曲》之第一首,以及其他。
② 例如李滉的"平时调"等。
③ 见李滉所作的大量汉诗。

第五章　李滉哲学思想的特点[①]

一、序言

随着现代文明的弊端日益增多,人们对东方思想的认识逐渐发生转变,这是现代哲学界不争的事实。为寻找能够克服这个时代矛盾的智慧和方法,迫切需要了解当今东方传统思想所具有的现代价值。

李滉哲学是具有代表性的东方传统思想之一,阐明其现代价值具有重要意义,但需要对其根本哲学进行本原性的理解。因为如果不了解其哲学思想的内容,是无法体会其现实价值的。所以,我们应首先了解李滉哲学的根本内容,然后再探索其现代意义。

二、李滉哲学的主理性特征

作为一名杰出的性理学家,李滉的根本哲学是由"理气说"构成的。众所周知,他的哲学(理气说)具有相对于气更注重理的"主理说"特征。

[①] 本章以在1978年8月退溪学研究院主办的"近世儒学思想与退溪学国际学术会议"上发表的《退溪哲学的理想主义性格》论文为基础修改而成。

我们大致可以通过以下问题探讨李滉哲学的特征。

第一，比气更重理的根据是什么？

第二，主理特征具体体现在哪些问题的哪些内容上？

第三，主理倾向想要解决的问题意识是什么？

第四，从其问题意识中可以找到的哲学精神以及哲学性质是什么？其哲学精神具有哪些现代意义？

理气说实际上是构成李滉思想最深层次的根本哲学，所以上述问题是了解其哲学核心内容及本原性质的必经之路。因此，我们将通过解答这些问题的方式，了解李滉哲学的核心内容及其本原性质，并由此进一步探究其哲学的现代价值。

三、理气概念的主理基础

1. 概念与主理思维的原型

与气相比，李滉更重视理的基础或根据是什么？最直接的方法是从他对理气的概念、定义中去寻找。因为无论是哪种理气说，都是由理和气构成的理论，必须首先以自己的方式定义理气概念。同样，李滉理气说也是以首先定义理气概念为前提条件的。① 因此，李滉的"主理思维的原型"就在于他对理气概念的定义。

2. 理的优越性

和其他性理学家一样，李滉从特性和意义两个方面界定理气的概念，并以特性和意义为前提说明了理气两者的关系，这一说明又有助于界定理气的概念。

---

① 下文介绍的理气说都可以证明这一点。

李滉分别用"形而上""形而下"来表示理气的特性。① 即，前者（理）具有无声臭、无方体、无情意、无计度、无造作、无生死、无穷尽的特性（无为无欲）②，而后者（气）则具有聚散、屈伸、至归、生灭③的特性（有为有欲）。此处用李滉的表述就是"至于理，无穷尽，何时而无耶"④，认为理具有实在性。理的这种不变的实在性成为比气的可变的现象性优越的根据。因为，理的不变性表现为理的意义即"原理""道理""义理"等，这样的理被尊崇为"永远不变不灭的真理之本"⑤。因而出现了"理贵气贱"⑥ 的说法。

李滉用"所以然""所当然"表示理的意义，⑦ 指所有生成、变化的规律以及作为善的原理的行为原则；用阴阳五行的具体实例⑧表示气的意义，指现象存在的"事物的质料"。因此，当理表示原理和原则的意义时，其特性是不善不恶。但是当理被看作是实在的理时，从价值角度来看则不仅仅是善的原理，因其本身就被看作是善。因而李滉称这时的理是"纯善"。⑨ 永远不变的义理实体即纯善的理与善恶未定、价值中立的气相比，理更具优越性，就是"理贵气贱"的主张。这是李滉主理思维基础的一个方面。

---

① 《退溪全书》上，第 808 页。
② 《退溪全书》下，《答郑子中别纸》，第 161 页。
③ 《退溪全书》下，《答郑子中别纸》，第 161 页；《退溪全书》上，《与朴泽之》，第 335 页。
④ 《退溪全书》下，《答郑子中别纸》，第 161 页。
⑤ 《高峰文集》卷四，《答示论太极图书》，第 38 页。
⑥ 《退溪全书》上，《答侨侄问目》，第 899 页；《退溪全书》下，《论所当然所以然是事是理》，第 186 页。
⑦ 《退溪全书》上，《答侨侄问目》，第 899 页；《退溪全书》下，《论所当然所以然是事是理》，第 186 页。
⑧ 《朱子语类》卷一，第 808 页。
⑨ 《退溪全书》上，《论四端七情书》，第 406 页。

理还被用作表示事物的表德，即事物的标准，① 这时理的意思相当于事物的本质。在这种情况下，理气同样是具有差别的。这时的气只是理的实践场所（天地材具）②，而现象的气被比喻为实现本质之理的方便（工具）。目的与方便之间的差异就是理气之间的不平等差异。李滉理气说的主理基础也在于此。

3. 理的根源性

理的意义中还有一点是不能漏掉的，那就是"所以然之故"，表示所有原因。理不仅是所有生成变化的原理，也是其原因，所以李滉等性理学家们将表示理的"太极"和"天命"视为宇宙的根源者。③ 理最终成为具有生灭性的气的生成原因。在这一前提下，李滉称理（太极）是"能生者"，气（阴阳）是"所生者"。④ 从原因和结果的思维中产生分辨"能生者"和"所生者"的意识，就是李滉主张理比气更具根源性的主理性思维的一个基础。

理和气分别是构成事物的"原理、原因、本质"和"材料、要素"，但两者本身并不是具体的事物，因此从实际（事物上）看，两者是绝对不能分开的关系，只是从观念上要分开看待。在这一点上，李滉承认朱熹的见解，认为"理气在物上看，则二物浑沦，不可分开各在一处"⑤，只有在理上看，理气才可能分开。⑥ 以在理上看理气可以分开为前提，推衍出"此本无先后之可言，然必欲推其

---

① 《退溪全书》上，《答南时甫》，第368页。理在用作表示太极的意思时，表德的含义更强。因为极除了表示至极的含义外，也具有表德的含义。
② 《退溪全书》上，《答李达李天机》，第354页。
③ 可以在李滉的太极说中确认。
④ 《退溪全书》上，《非二气为一物辨证》，第921页。
⑤ 《退溪全书》上，《非二气为一物辨证》，第921页。
⑥ 《退溪全书》上，《非二气为一物辨证》，第921页。

所从来，则须说先有是理"①。总而言之，在理上看，理在先气在后。

这里有一点需要注意：如果把理看作实在的，那么在论述理气关系时，即使强调是从理上看，但理的先行与实际的先行没有不同。实在的理先行于气意味着理气的实际分开。例如，李滉在太极说中，将理看作先生于气的生成原因，即能生者，就是这样的例子。如上，李滉理气说的主理性思维是从定义概念开始奠定了基础。

4. 主理的理气二元观

如上文所述，李滉所提出的理并不是只有张载或徐敬德所提出的"气的属性"即"气作用的秩序或条理"的意义。李滉所主张的理不仅与气完全对立，而且比气处于更优越、更根本的地位上，对气发挥一种主宰能力。用一句话来概括李滉的理气观就是："理命物而不命于物。"② 这句话中的物也可以用气来代替。

基于这样的立场，李滉十分尖锐地批评徐敬德的理气观，称其是"于气数一边路熟，其为说未免认理为气"。③ 因而与张载和徐敬德的理气观相比，李滉的理气观具有"主理的理气二元论"特征。由于理气概念的思维原型就是在主理的基础上建立的，所以他的理气说不能不体现出主理的特征。

四、主理的理气说内容

1. 最具代表性的主理说

在以理气概念展开的李滉理论（理气说）中，最能体现其主理

---

① 《朱子语类》，《理气（人杰录）》。
② 《退溪全书》上，《答李达李天机》，第354页。李滉还附言说这句话表示理的"极尊无对"含义，即表示价值上优越的意思。
③ 《退溪全书》上，《答南时甫》，第354页。

性特征的大致是三个问题：第一个是他的宇宙发生理论即"太极说"，第二个是他的心性说中的"四端七情说"，第三个是关于认识事物的理的理论即"格物说"。

这三个问题在李滉理气说中主理倾向最为突出，也是因为主理倾向而引发争议最多的理论。李滉在这些问题上遇到了相当多的理论上难题，但他仍坚持用主理的方法解决这些难点。因此，我们现在考察李滉在用主理的方法展开这些理论的过程中遇到了哪些困难，以及通过哪些方法来解决这些困难的。

2. 太极说存在的难点问题

（1）提出问题

首先，我们来了解一下李滉理气说提出宇宙发生问题的缘由。李滉认为，宇宙是"理气之合"。但问题是，他主张气具有生灭性，而理是气生灭的原因，即把理气分别看作能生者和所生者，由此产生了问题。换句话说，因为气具有生灭性，追溯气的生灭就是太初的"一元之气"，因而需要有一定的理由来解释一元之气的生成。但李滉认为，因为理是气生成的原因，所以也可以用理来说明一元之气的生成。正是基于这样的逻辑，提出了宇宙发生的问题。

（2）太极说的原型

在这个问题上，李滉首先是接受了朱熹的立足于《易经》及周敦颐《太极图说》的观点。因而李滉也认为一元之气是"阴阳"，其中理是阳，也是阳的生成原因，称之为"太极"。太初是气存在之前的①太极动的原因，生成一元之气即阳，并最终生成宇宙。总而言

---

① 《高峰文集》卷四，《两先生四七理气往复书》，上，第28页。

之,李滉将其理解为"理动则气随而生"①。

(3) 难点及其解决方法

李滉的"理动则气随而生"观点想要成立,存在诸多难点,而且这些难点亦成为当时争论的焦点,引起了很大反响。② 其中最具代表性的难点是如何明确解答"太极的独存"和"太极的动"的实现的这一问题。太极的独存很显然是从理先的思路推衍出来的,但实际上这违背了"实际上的理气不可分开"的前提,而且太极的动也违背了"理无作为"的前提。如果对此没有明确的解释,那么这个观点就无法被认可,因而要求李滉对理气概念的基础前提进行合理的解释,而这一要求就是李滉主理太极说面临的难点。

但在李滉自己看来,这个难点在他的思维体系中已经解决了。其证据之一就是确信理的实在性,另一个证据是提出理的"体用说"。③ 也就是说,李滉相信理的实在性,所以提出说太极的先在性独存,而且他相信这与"理气不可分开"的前提不相冲突。

即使李滉坚持认为已经解决这些难点,但实际上并没有完全解决这个问题的难点。仅以采用理的体用说来合理化太极的动为例,为了使其体用说合理化,就必须重新设立一个体用的标准,从而导致合理化的标准永无止境。从最终李滉自己提出了"体用一源"④观点,也可以看出这一点。因此,这个理论中值得关注的事实是,与其说是解决问题与否,不如说是他使用的解决方法。也就是不管有多少困难,但始终坚持使用自己的"主理的方法"。

---

① 《退溪全书》上,《答郑子中别纸》,第608页。
② 《退溪全书》记载的与郑之云、李公浩等展开的论辩就是例证。
③ 《退溪全书》上,《答郑子中别纸》,第608页。
④ 《退溪全书》上,《心无体用辩》,第918页。

3. 四七论存在的难点问题

(1) 提出问题

四端七情说之所以成为李滉主理说的一个问题，也是因为将四端和七情解释为理和气。原本在理气说中用"理气之合"解释经验性的所有事实。在说明心性时，也采用了理气二分法，用"理气之合"① 解释四七之情。情这种经验性现象之所以能够显现出来是因为有气，而这种现象背后的原因是因为有理。

但是根据李滉的观点，情的理不仅是狭义上单纯表示"情的理"，而且在广义上表示"心的理"，就是性。由此，性和情分别表现为心的体和用。② 性为体，意为"未发之心"。情为用，意为"已发之心"。性和情的关系是"性发为情"或"情性所发"。③ 换句话说，作为"心的理"的性表现出来是情，而情的原因是性，就表述为"性发为情"。这也是孟子赋予四端之情以"端绪"意义的原因。因为孟子主张，之所以有四端，是因为仁义礼智的本性。④

将情与其原因即性的关系表述为"发"，⑤ 其根本性的理气论结构是以"理气之合"观点为前提，对情进行理气论式的阐释。特别是当通过对四种善即"四端"和不分善恶的所有情即"七情"比较的角度来进行解释时，就是"四七说"理论。

细究起来，关于四七说，最早可以追溯到朱熹。但是李滉第一次提出这个问题是在看到秋峦郑之云的《天命图》之后。⑥ 而且，

---

① 《退溪全书》上，《论四端七情书》等。
② 视性情为心的体用，其渊源源于孟子，可以说是立足于孟子心性说的用法。
③ 《退溪全书》上，《圣学十图·第六心统性情图》。
④ 《退溪全书》上，《答李平叔》，第849页。
⑤ 不仅是"性发为情"的表述，而且还包括《中庸》里的未发、已发等表述。
⑥ 李滉的《论四端七情书》中阐述了这一点。

众所周知,李滉是通过与高峰齐大升的论辩正式提出自己的四七论的。

(2) 四七论的要旨

李滉对四端七情的原始解释是"四端理之发,七情气之发"①,在论辩结束后,他修订后确定的解释是"四端理发而气随之,七情气发而理乘之"②。

这样解释的理由是什么?按照李滉的说法,其原因大致可归纳为两个方面:其一是四七所指(意义)上的差异,其二是四七所从来(发出由来)的差异。③ 所指之差异是指与四端"皆善"或"纯善"相比,七情"善恶未定"或"本善而易流于恶",犹如"理和气之间的善恶差异"及"本然之性和气质之性之间的善恶差异"。④ 所从来之差异是指与四端"发乎仁义礼智之性"相比,七情"外物触其形,而动于中,缘境而出焉尔。"⑤ 即使不能承认这一点,但"四端理发而气随之,七情气发而理乘之"这一点肯定是表示四七两者在所从来上的差异(李滉也称之为所生)。因此,如上所述,可以从对举互言或通过理气对比的方式来解释四端七情。

(3) 解决方法

李滉四七说所遇到的难点就是与齐大升的论辩,问题主要集中在如何解决"所从来"的差异上。

---

① 《退溪全书》上,《答齐明彦(论四端七情第一书)》,第406页。
② 《退溪全书》上,《答齐明彦(论四端七情第一书)》,第417页。
③ 《退溪全书》上,《答齐明彦(论四端七情第一书)》,第406页,以及《退溪全书》上,《答齐明彦(论四端七情第二书)》,第419页。《退溪全书》上,《答齐明彦(论四端七情第一书)》,第406页。
④ 《退溪全书》上,《答齐明彦(论四端七情第一书)》,第406页。
⑤ 《退溪全书》上,《答齐明彦(论四端七情第一书)》,第406页。

这一难点就是要回答齐大升如下的反对意见：①从经验角度看发出现象，四七的发出是没有区别的，因此不能把四七说成是不同的情；②无论是什么情，只要理或气单独一个就能解决，就违背了在具体事物（情）上理气不可分离的前提；③理发违背了理无作为的前提。这是齐大升反对意见中的主要要点，其中核心问题是第三个关于理发的问题，这是李滉四七说面临的难点中的难点。

但是，李滉并没有放弃对这些难点问题的合理化。其证据就是理气的"互有发用说"。① 不仅气有用，而且理也有用，无作为的理"其实也是用的发"，体现了李滉采用体用说进行合理化的想法。

李滉不仅采用体用说进行合理化，而且还试图承认理具有自发、自主的能力。由此，我们可以确认他的主理态度。实际上，主理、主气用语本身就是出自李滉的四七说，② 虽然这是从所指的角度上使用的用语。

4. 格物说存在的难点问题

（1）提出问题

李滉也和其他性理学家一样，在认识论的研究方面并没有留下特别多的成就。虽然这是东方哲学的普遍共同现象，但李滉基本没有涉及认识论的种类、范围、根据等方面的研究。他在认识论方面的研究只是在其"格物论"中有所体现而已。③ 也就是说，李滉对《大学》所说的"格物""物格"以及它们的注、补亡章按照自己的

---

① 《退溪全书》上，《答奇明彦（论四端七情第二书）》，第416页。
② 参见《退溪全书》上，《答奇明彦（论四端七情第二书）》。
③ 除了格物说之外，在心性说中也有一些认识论的观点，但非常少。关于在心性说中有关的认识论观点，作者曾在《退溪的价值观研究》（《亚细亚研究》第54号）中有所论述。

加上词尾的方式进行解释，这就是他的认识论见解。

（2）格物说的核心

李滉格物说大致可以分为两个阶段：第一个阶段是跟随程朱的格物说，基本没有自己观点的阶段；第二阶段是有自己理论的阶段。前一阶段，李滉认为"格"是至，"物"是事，"格物"就是"穷至事物之理"。① 因此，事物的理永远都存在于客体对象中，而能穷理的我心是"能动的"。

但是到了后一阶段，李滉的思维就进一步发展了。他受到了当时流行于学界（老泉金滉、瓢道人朴光佑）的"理自到说"观点影响，② 也认可事物的理自到的观点。因此，李滉对事物的理的认识是由穷理之心和理自到构成的。③

（3）主理的合理化

在承认理自到这个问题上，李滉仍采取了主理的态度。所以理自到和理无作为的前提相抵触，这就是这个理论上存在的难点。

在解决这个难点问题上，李滉也采用了体用说。也就是说，无作为（无情意、无造作等）的理是就"本然之体"而言的，而就"神妙之用"而言则是理自到。④

但是，李滉并不认为理自到与穷理无关，而是主张理自到是以穷理为前提的。用李滉的话说就是，"随吾所穷而无不到""随遇发见而无不到"。⑤ 这种解释方式与其所讲的"气动则理随而显"⑥ 的

---

① 参见《退溪全书》上，《答郑子中（格物物格俗说辨疑）》以及《大学释义》。
② 《退溪全书》上，《答郑子中（格物物格注说记尝闻见诸公语）》，第629页。
③ 《退溪全书》上，《答奇明彦》，第464－465页。
④ 《退溪全书》上，《答奇明彦》，第464－465页。
⑤ 《退溪全书》上，《答奇明彦》，第464－465页。
⑥ 《退溪全书》上，《答郑子中别纸》，第608页。

含义相通。因此，理自到与穷理或气的作用不是完全无关的，这也许是李滉克服这个难点问题的局限性所在。

如上，从李滉的太极说、四七说、格物说可以清晰地看出他的理气说具有主理的特征。在这些问题上遇到的难点，究其原因，无疑是其主理的方法造成的结果。那么，李滉不顾这些问题难点，始终努力将其合理化，并坚持以主理的态度解决问题的意图是什么呢？下面，分析一下这三个问题中体现出来的主理的问题意识。

五、主理说的问题意识

1. 关于格物说

(1) 探索真理的热情

如果说格物说是一种认识论，那么对格物说的研究热情就反映了"追求真理的热度"。从这个角度上看，或许会有猜疑说，李滉在认识论方面的研究成果明显少于其他领域，这不就意味着他追求真理的热情不高吗？这是不正确的看法。如前所述，儒学原本就不太重视以积累客观认知为目的的认识论，而且研究热情与研究成果的多寡无关，重要的是其真挚性。事实上，李滉以其生命不息追求真理不止的真挚的学术态度而闻名。[1] 本节虽然只是探究他独特的修订格物说，但这也是他在晚年（70岁时）仍保持勤学不辍的学术探索精神而得出的研究成果。他对格物说的修订让我们感受到了他毕生孜孜不倦追求真理的热情。

---

[1] 这一点，在李滉的《年谱》和《自省录》中有明确记载。

(2) 真理的客观性

我们还需要关注的是李滉格物说中所包含的"理自到"这一观点。李滉始终把理看作是客观真理,因而他提出的理自到观点也是基于客观真理的客观能动性。可见,李滉相信理具有超越人主观意志的客观性,以及其客观性具有普遍实现真理的能力。从这一点看,李滉的格物说让人联想到客观真理的"闻道"。李滉对主体性真理即"义理"的不变性和绝对性的信念,与他的这一真理观是相辅相成的。

(3) 主体性真理的绝对性

事实上,李滉格物说中,物理的理不仅仅具有客观真理的含义。从他将"物"解释为"事"中可见,也包含有行为的善或当为的主体性真理的含义。而且,主体性真理的含义比客观性真理的含义更强。将善、义理等主体性真理视为真正的真理,就是李滉的真理观。"闻道"的"道"的本来含义就是指主体性真理。这样看来,理自到就意味义理是"实现主体性真理所具有的绝对性"。因而李滉以理自到为前提的主理格物说的问题意识,与他相信客观真理的普遍性和主体性真理的绝对性之信念息息相关。

2. 关于太极说

(1) 人格神的转变

从历史上看,太极说渊源起于"天观"的发展。太极是由古代认为天地是由天帝、上帝或主宰之天创造的思想发展而来。因此,作为理的太极相当于古代的天帝、上帝或天的意义,李滉的太极说可以说是通过理气说脱离了人格神的原始信仰而形成的哲学思想。

所以，李滉太极说中所包含的问题意识首先应在这些历史渊源中寻找。

太极理被赋予主宰者的根源意义（根本原因），相当于古代历史上的天帝、上帝、天。李滉不顾其太极说中存在的问题难点，选择并坚持主理立场的理由也可以从这个角度来理解，但不能说这是其全部理由。因为这只是对理所具有的"所以然"意义的解释，而理还有"所当然"的意义。因此，我们的理解应当从所当然的价值层面展开。

（2）探索敬畏生命的宇宙意义

事实上，从李滉承认"太极的意义"来看，这一点是非常明确的。李滉认为，太极既是"万物之理的总和"①，同时也是"极好至善之理的一个标准（表德）"②。太极是宇宙万物的根源，具有万物必然生成规律的意义，同时也具有万物应遵循的当然的理想原理的意义。因此，从李滉关于理的思考原型是事实（所以然）和当为（所当然）相一致来看，实现这两个方面一致的状态，就是李滉所设想的太极的根本性质。

从李滉立足于宇宙观的太极说中可以发现，他所设想的太极的意义与人类相关。李滉认可"天地之大德曰生"③的观点，表现出将宇宙视为有机体的态度。而且，他还认可朱熹的"万物各有一太极"④观点。因而，李滉最终将有机体的宇宙看作是"太极一理的世界"。⑤ 因为宇宙本身就是太极即一理的世界，所以宇宙的所有个

---

① 《朱子语类》卷九十四，第7页。
② 《朱子语类》卷九十四，第7页。
③ 《周易·系辞下传》。
④ 《朱子语类》卷九十四，第7页；《朱子语类》卷九十四，第41页。
⑤ 参见尹丝淳：《退溪价值观研究》，《亚细亚研究》第54号，第41页。

体都不可能是毫无意义的存在。由此可以得出结论,即,人类需要了解人类作为个体所具有的太极的意义,并应正确践行太极的意义。正确了解太极的意义并正确履行其意义,归结于人的终极意义就是儒学的本原理想"天人合一"。天人合一的理想在李滉理气哲学中以深奥的形而上学表现出来。

如上所述,李滉坚持主理的立场和方法,阐述太极说价值层面的理由变得更加明晰。这就是相信人通往天人合一理想的当行之路最终只有通过掌握太极所具有的所当然意义才能实现。可见,太极说反映出李滉最深层的形而上学的问题意识。这就是李滉从形而上学角度出发形成的敬畏生命的宗教问题意识。太极说不是从没有价值的意识中盲目地揭示所有生命(存在)根源的理论,而是其中包含了追溯、反省生命之根,挖掘其根本意义的敬畏生命的一种宗教目的意识。

(3) 自然和谐

这里还需要补充一点,那就是李滉根据不能"无化"的理的实在性,主张气的生成是"永续"①的。

李滉认为,气不仅是可以生成的,而且是可以死灭的,如果气的总和是宇宙,那么宇宙也随之具有生成和死灭的性质,由此产生了宇宙最终是否会死灭的问题。李滉的回答是宇宙永远存在。也就是说,虽然气具有生灭性,但理的本质具有不可"无化"的实在性,因此由理而生的气的生成现象也是永存的,所以宇宙的存在永远不会有终结。

李滉的这种观点有助于我们了解他的宇宙、自然观,我们从中可以看到他天人合一观的另一个侧面。因为"天"在表示理或上帝

---

① 《退溪全书》上,《答郑子中别纸》,第604页。

意思之前,表示"自然"的意思,可见原始的天人合一带有强烈的与自然合一(调和)的意味。由此可见,李滉主张宇宙、自然是永存的,实际上意味着他在精神上存在一个合一的、不灭的对象(宇宙、自然)。应该说,李滉围绕太极说的问题意识与寻找这种自然和谐对象的意图密切相关。

3. 关于四七说

(1) 主体人的形象

李滉四七说中最集中体现其主理性特征的部分是将"四端"解释为"理发"。因此,应以这部分为中心找寻他的问题意识。

理发是指在"性即理"的前提下解释"本性的发现"。在这种情况下的四端之本性是指"仁义礼智",也可以说是相当于"理性"。因此,李滉之所以强调四端理发,是为了让我们有"仁义礼智的本性",并让我们知道这是自发的。主张本性自发的观点就是关于人的自主性的主张,是指通过自律能力而达到的一种"理性信任",具有以"理性信任"为基础"恢复本性"的含义。由此可见,李滉四七说是以具有自律能力的主体人的人性观为前提的。正如李滉所言,"气而无理之乘,则陷利欲而为禽兽"。[1] 而且李滉还相信《中庸》所讲的"天命之谓性,率性之谓道"。[2] 综合这两句话的意思是说,只有具备理自发(乘)的能力,即先天本有(天命)本性的自律能力,人才能做出道德行为,从而确立不沦落为禽兽的人类权威。由此可见,李滉四七说中包含着对拥有自律能力的主体人类形象的梦想,蕴含希望建立人类权威的意图。

---

[1] 《退溪全书》上,《答李宏仲问目》,第816页。
[2] 《退溪全书》上,《答李宏仲问目》,第816页。

(2) 关于建立社会秩序

本性的发出最终是通过道德行为实现的，李滉四七说中体现的问题意识是与恢复人类本性从而确立社会秩序的理想并存的。只是，这里所说的社会秩序大体上是立足于当时儒教封建社会化的"三纲五伦"而言的，这是李滉问题意识中存在的局限性。

事实上，当时的"三纲五伦"并不仅仅单纯意味着道德秩序，它既是道德秩序，又是儒教的社会秩序、政治秩序。因此，强调其社会秩序、政治秩序的根源即立足于本性本有的自发，最终通过心性说达到了使体制合理化的结果。主理说在当时的官学即性理说中占据传统位置的原因也在于此。可以说，李滉四七说的问题意识已经达到了实现体制合理化现实效果的境地。

讲到四七说的现实效果，还有一点值得思考的是与心性说相关的"德治"的关系。儒学的心性说原本探索和强调个人的修己，但同时也探索和强调民本、为民的道治，即作为君主的先行条件。李滉也具有性理学普遍的民本、为民思想，① 所以也应该考虑到这一点。也就是说，李滉以四七说为中心的心性说问题意识中同时也带有以君主德治为目的的意图。

(3) 天人合一的通路

但是，这种现实性的问题意识在"天（或天命）=性=道"的思维中，还只是着眼于"性=道"，研究性的实现而带来的现实效果而已，还没有涉及性和天（天命）的关联，因而我们需要换个角度去研究。

如果性真的等同于作为理的天或天命、太极，那么人的本性无

---

① 参见《退溪全书》上，《戊辰六条疏》，第186页。

疑是"个体所具的太极（物物格有太极）"。因此，强调本性的自发，就应该理解为是强调作为理的天、天命、太极中所蕴含的宇宙的意义，即宇宙意义也是人自身的存在意义，通过心性这一通路展现出来。李滉关于本性自发的主张是与天人合一思想是有机相连的关系。因此，本性是天人合一的通路，本性的自发就是指通路的自主开放。因此可以说，强调本性自发就是为了让人了解天人合一通路的俨然存在及其通路的开放。李滉四七说的终极问题意识就在于此。李滉认为，所有种类的心性说（心学）的最终目的都在于"存天理、遏人欲"①。而实现这一目的的最佳方法就是敬的态度。② 而且此时的天理既表示本性，也表示天命或太极的意义。

综上所述，李滉以四七说为中心的主理心性说的问题意识，在于相信本性的本有及其能力（自发），通过充分发挥其能力，树立自主性主体人的形象，确立社会秩序，进而实现与宇宙自然秩序（天）的和谐（合一）。

六、结论：理想主义性格与现代意义

构成李滉主理问题意识的哲学精神以及哲学性质是什么呢？这一答案首先应在对主理的哲学性格的解释中揭晓。

李滉哲学的主理性质通常被表述为"观念性质"。主气思想侧重于"形而上"的现象生成变化，因而具有"经验性质"；相比而言，主理思想更注重超越感觉的"形而下"的概念内容及其逻辑关系，因而具有"观念性质"。李滉设定和追求不变的真理而不是可变的真理、坚持强调以本性的先天本有为前提的自发说、相信太极作为绝

---

① 《退溪全书》上，《答李平叔》，第849页。
② 参见《退溪全书》上收录的《圣学十图·第四大学图（经解）》以及《戊辰六条疏》《答郑子中（第606页）》等。

对的宇宙本原所具有的先在与动静等观点,都体现了这一观念性质。更重要的是,李滉所有的理论都是从理观点出发形成的。李滉思想中的真理、本性、太极无一例外都归结于"理"的理论体系,因而李滉的哲学是彻底的"理一元论"。在理一元论的思想体系中推衍出所有问题,就是李滉哲学的观念性质。

但是,李滉哲学的性质只能简单归结为观念性质吗?是否能从另一个角度把握其性质呢?在转变角度时,我们首先不能忽略其哲学的价值导向性质。李滉主理说背后始终蕴含着价值导向的问题意识。追求不变的真理,但相比客观真理更注重寻找义理等主体性真理所具有的不变性和绝对性;探讨本性,但更主要讨论除本能食色之性之外的四端之善性;探究太极,但相比气生成法则的意义更关注作为标准的至善之道的意义:这些倾向都体现了李滉价值导向的精神。李滉哲学中的所有代表性理论都是在这种精神指引下取得的成果。因此,我们不应把他的哲学简单归结在观念论的框架内,而是在观念论的框架内重点关注这一特性。

价值取向的精神,一言以蔽之,就是不以事实、技术方法处理问题,而是以应当的、要求的方式处理问题的意愿。从应当的、要求性意愿占主导地位的意义上,可以说是一种与现实(实际)态度相对的理想态度。由此我们可以确认李滉哲学的性质是建立在"理想主义"结构上的。如前文所述,李滉所有理论中遇到的种种难点,其实都是这种性质的直接反映。

尽管李滉努力将这些难点合理化,但终究无法消除这些难点,原因正是李滉没有或无法依据经验事实证明他的主张。关于通过经验事实无法支撑其观点的这一情况,如果李滉始终坚持不肯放弃,最终将不免陷入教条的境地。我们应该承认,李滉的主理哲学并不是没有陷入这样的境地。那么,是李滉本人不知道会陷入这个境地,而始终坚持理到、理发、理动等这些无法证明的观点吗?从李滉谦虚的学术态度上看，这是不可能的。如果不是这个原因，就是因为他的价值指向精神所导致的解决问题的态度。若以理一元说体系为前提的理到、理发、理动观点不成立，则无法主张义理的绝对不变性，也不能树立自主主体人的形象，更不能探索立足于敬畏原始生命存在的根源性意义，因此李滉坚持这些观点并试图通过体用说使其合理化。总而言之，强烈的价值指向性质，就是李滉哲学的理想主义性质。

由此，我们可以体会到李滉哲学所具有的现代价值。李滉哲学的现代价值并不在于其理气说内容本身。如果执意坚持该理论的合理性，并让我们现在也要相信这个理论，这绝对不是谦虚诚实的学术性言论。坚持解决每个问题存在的难点另当别论。李滉哲学的现代价值应是立足于其理想主义的价值指向型的问题意识。随着时代发展变化，虽然人类追求理想的内容或有变化，但追求理想的愿望倾向任何时候都不能改变。也就是说，当今理想的内容可能与过去不同，但当今人们追求理想的态度应该和过去是相同的。因而，当今的时代矛盾和弊端需要李滉理想主义价值指向；这一判断若成立，他的主理哲学将获得新的价值认可。换句话说，在当今立足感性相对主义的真理观应受到批评的自觉意识上，李滉的绝对主义真理观将受到新的关注；在当今功利主义人性观、伦理观应受到排斥的反思上，李滉的性善人性观、伦理观将受到新的瞩目；在当今征服性、破坏性的自然观、宇宙观应当加以克制的判断下，他的和谐的、敬畏生命的自然观、宇宙观应得到新的发扬。以这些新的关注、瞩目和发扬为前提重新考察李滉的哲学，才有可能实现李滉哲学的现代传承。①

---

① 参见尹丝淳以下论文：《退溪气观点存在的问题》，载《闵泰植博士古稀全集》《退溪的太极生两仪观》，载《亚细亚研究》，第35号；《退溪心性说研究》，载《亚细亚研究》，第41号；《退溪价值观研究》，载《亚细亚研究》，第54号及《退溪学报》，第11号。